# 참 쉬운

## 글쓰기2

문법에 맞는 글쓰기

# 구성과 특징

| 참 | 쉬 | 운 | | 글 | 쓰 | 기 | 2 | | | | |
|---|---|---|---|---|---|---|---|---|---|---|---|
| | '문 | 법 | 에 | | 맞 | 는 | | 글 | 쓰 | 기 | '를 |
| 소 | 개 | 합 | 니 | 다 | . | | | | | | |

✓ 어법에 맞고, 바른 국어 문장과 표현을 사용할 수 있도록 꾸준히 연습하는 교재입니다.

✓ 초등학교 3~6학년에서 배우는 국어 문법의 기본 개념을 자연스럽게 공부할 수 있습니다.

✓ 교재를 따라가면 '낱말'과 '문장'에 대한 이해로 자연스럽게 문법에 맞는 글을 완성할 수 있게 됩니다.

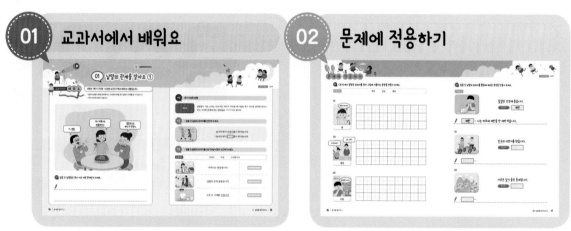

**01 교과서에서 배워요**

그림과 연습 문제로 교과서 개념을
정리할 수 있어요!

**02 문제에 적용하기**

문제를 풀고, 실제 적용하면서
문법을 완전히 익힐 수 있어요!

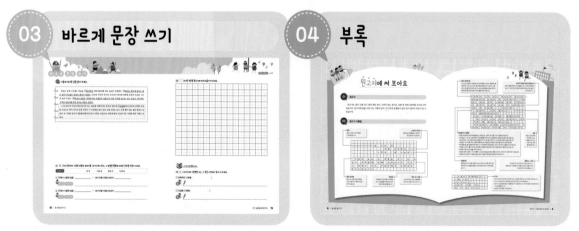

**03 바르게 문장 쓰기**

배운 문법 개념을 완성된 글로 적용하면서
실력을 확인할 수 있어요!

**04 부록**

원고지와 사전의 바른 사용법을
배울 수 있어요!

# 차례

## 참 쉬운 글쓰기 2

### 문법에 맞는 글쓰기

부록 ① | 원고지에 써 보아요   4

부록 ② | 국어사전을 활용해요   8

## 1장 낱말을 알아보아요

| 01 | 낱말의 관계를 알아요 ① | 14 |
| 02 | 낱말의 관계를 알아요 ② | 20 |
| 03 | 낱말의 관계를 알아요 ③ | 26 |
| 04 | 낱말은 어떻게 만들까 ① | 32 |
| 05 | 낱말은 어떻게 만들까 ② | 38 |
| 06 | 낱말의 여러 가지 뜻 ① | 44 |
| 07 | 낱말의 여러 가지 뜻 ② | 50 |

## 2장 문장을 알맞게 써요

| 01 | 문장의 짜임을 알아요 ① | 58 |
| 02 | 문장의 짜임을 알아요 ② | 64 |
| 03 | 문장 성분의 호응 관계 ① | 70 |
| 04 | 문장 성분의 호응 관계 ② | 76 |

## 3장 알맞게 표현해요

| 01 | 높임 표현을 사용해요 | 84 |
| 02 | 관용 표현을 활용해 볼까 ① | 90 |
| 03 | 관용 표현을 활용해 볼까 ② | 96 |

# 원고지에 써 보아요

**01** 원고지

원고지는 글자 수를 세기 쉽게 네모 칸이 그려져 있는 종이로, 보통 한 장에 200자를 쓰도록 되어 있습니다. 원고지에 글을 쓰면 쓰는 사람의 글자 크기 등에 관계없이 글의 양이 얼마나 되는지 알 수 있습니다.

**02** 원고지 사용법

**제목**
원고지 위에서 두 번째 줄 가운데에 씁니다.

**소속이나 학교**
제목 바로 아랫줄에 맨 뒤에서 세 칸을 비우고 씁니다.

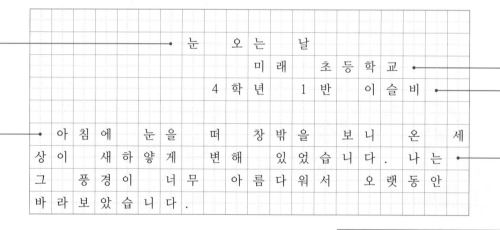

**글의 첫 문장**
학년, 반, 이름 아래 한 줄을 비우고 씁니다. 이때 첫 칸은 비우고 씁니다.

**마침표**
마침표는 칸의 왼쪽 아래쪽에 찍고, 마침표를 쓴 후에는 바로 다음 칸에 글자를 씁니다.

**학년, 반, 이름**
소속이나 학교 바로 아랫줄에 맨 뒤 두 칸을 비우고 씁니다.

## 줄이 넘어갈 때
쓰고 있는 문장이 다음 줄로 넘어갈 때에는 띄어쓰기를 해야 할 차례라도 띄어 쓰지 않고, 줄의 맨 끝에 띄어쓰기 표시(∨)를 하고 다음 줄 첫 칸부터 씁니다. 원고지에 글을 쓸 때는 문단이 바뀔 때만 줄의 첫 칸을 비우고 둘째 칸부터 씁니다.

## 마지막 칸에서 문장이 끝날 때
문장 부호를 마지막 칸에 함께 쓰거나 오른쪽 여백에 씁니다. 이때 두 칸이 필요한 문장 부호는 다음 줄로 넘겨서 씁니다.

| 방 | 에 | 서 |  | 나 | 가 |  | 보 | 니 |  | 생 | 일 | 상 | 이 |  | 준 | 비 | 되 | 어 | ∨ |
| 있 | 었 | 습 | 니 | 다 | . |  | 오 | 늘 | 은 |  | 내 |  | 생 | 일 | 입 | 니 | 다 | . |  | 가 | 족 |
| 들 | 이 |  | 생 | 일 |  | 축 | 하 |  | 노 | 래 | 를 |  | 불 | 러 |  | 주 | 었 | 습 | 니 |
| 다 | . |  | 갑 | 자 | 기 |  | 눈 | 물 | 이 |  | 나 | 올 |  | 것 |  | 같 | 았 | 습 | 니 | 다 | . |
| 울 | 면 |  | 안 |  | 되 | 는 | 데 | … | … | . |  | 어 | 머 | 니 | 께 | 서 |
|  | " | 윤 | 슬 | 아 | ! |  | 소 | 원 |  | 빌 | 었 | 니 | ? | " |
| 라 | 고 |  | 말 | 씀 | 하 | 셨 | 습 | 니 | 다 | . |
|  | 나 | 는 |  | 가 | 족 | 들 | 을 |  | 보 | 면 | 서 |  | 말 | 했 | 습 | 니 | 다 | . |
|  | " | 네 | , |  | 우 | 리 |  | 가 | 족 |  | 모 | 두 |  | 건 | 강 | 하 | 고 |  | 행 | 복 |
| 하 | 게 |  | 해 |  | 달 | 라 | 고 |  | 빌 | 었 | 어 | 요 | . | " |
|  | 어 | 머 | 니 | 께 | 서 |  | 고 | 개 | 를 |  | 끄 | 덕 | 이 | 셨 | 습 | 니 | 다 | . |  | 아 |
| 버 | 지 | 도 | , |  | 동 | 생 | 도 |  | 박 | 수 | 를 |  | 쳐 |  | 주 | 었 | 습 | 니 | 다 | . |

## 인용문이나 대화문
- 보통 큰따옴표와 작은따옴표를 쓰는 문장으로, 언제나 첫 칸을 비우고 둘째 칸에 씁니다.
- 큰따옴표(" ")는 글 가운데에서 직접 대화를 표시하거나 남의 말이나 글을 직접 끌어 쓸 때 씁니다. 작은따옴표(' ')는 마음속으로 한 말을 적거나 따온 말 가운데 다시 따온 말이 들어 있을 때 씁니다.
- 따옴표는 각각 왼쪽 위와 오른쪽 위에 씁니다. 마침표와 따옴표가 같이 올 때는 한 칸에 씁니다.
- 대화문을 쓸 때는 줄을 바꾸어 씁니다. 아무리 짧은 문장이라도 이어 쓰지 않고 꼭 줄을 바꾸어 씁니다.
- 대화문이 길어져 줄이 바뀌는 경우에도 대화문이 끝날 때까지 첫 칸을 비우고 둘째 칸부터 씁니다.
- 대화문이 끝나면 또 줄을 바꾸어 씁니다.
- 따옴표 문장 다음에 '~라고 말했다.'와 같은 문장을 쓸 때는 줄을 바꾸어서 쓰지만 첫 칸은 비우지 않습니다.
- 대화글 앞의 문장이 마침표로 끝날 때는 대화글 뒤에 문장을 둘째 칸부터 씁니다.

## 쉼표
쉼표는 칸의 왼쪽 아래쪽에 찍고, 쉼표를 쓴 후에는 바로 다음 칸에 글자를 씁니다.

## 말줄임표
말줄임표는 한 칸에 세 점씩 나누어 써서 두 칸에 이어 여섯 점을 씁니다. 말줄임표를 쓴 다음 칸에는 반드시 마침표를 씁니다.

## 물음표, 느낌표
한 칸을 차지하도록 칸의 가운데에 씁니다. 물음표와 느낌표를 쓴 후에는 다음 한 칸을 비우고 그다음 칸부터 글자를 씁니다.

| I | II | III | IV | V | VI | VII | VIII | IX | X |
| 5 |  | 월 |  | 5 |  | 일 |  |  |  |
| M | O | N | D | A | Y |  |  |  |  |
| 20 | 20 | 년 |  | 10 |  | 월 |  | 24 |  | 일 |
| He |  | is |  | my |  | fr | ie | nd | . |

## ※ 기타
- 로마 숫자, 한 자로 된 아라비아 숫자, 알파벳 대문자는 한 칸에 한 자씩 씁니다.
- 두 자 이상의 숫자나 알파벳 소문자는 한 칸에 두 자씩 씁니다.
- 동시나 시조를 쓸 때는 전체를 앞의 두 칸 들여 쓰고, 연이 바뀔 때는 한 줄 비우고 그다음 줄에 씁니다.
- 괄호는 한 칸에 한 자씩 씁니다.

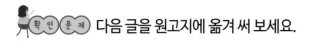

확인문제 다음 글을 원고지에 옮겨 써 보세요.

세 살 버릇 여든까지 간다는 속담이 있습니다. 어릴 때 밴 버릇은 늙어 죽을 때까지 고치기가 힘들다는 뜻입니다. 따라서 남에게 피해를 주지 않도록 어릴 때부터 올바른 습관을 들이는 것이 중요합니다.

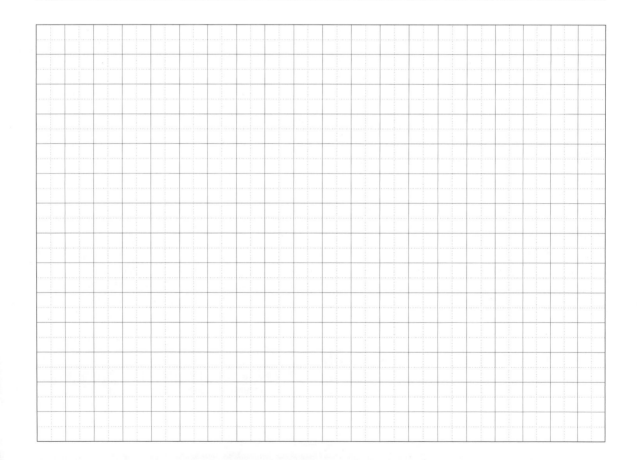

정답과 해설 104쪽

잠결에 어머니의 목소리가 들렸다.

"바다야! 아직 안 일어났니? 얼른 일어나. 학교 가야지."

눈을 떠 보니 8시 10분이었다. 허겁지겁 일어나 세수를 하고 옷을 갈아입었다. 서둘러 책가방을 챙기면서 생각했다.

'오늘도 지각하면 안 되는데…….'

알림장을 보니 준비물에 운동복이라고 적혀 있었다.

나는 어머니를 바라보면서

"어머니, 운동복 좀 챙겨 주세요."

라고 말했다.

# 국어사전을 활용해요

## 01 국어사전

낱말의 뜻을 설명해 놓은 책으로, 종이 사전, 인터넷 사전, 띄어쓰기 사전, 속담 사전 등이 있습니다.

| 종이 사전 | 낱말이 실리는 순서대로 사전을 찾을 수 있습니다. |

| 인터넷 사전 | • 낱말을 입력하여 간단하게 뜻을 찾을 수 있습니다.<br>• 모양이 바뀌는 낱말은 기본형으로 입력하여야 합니다. |

| 띄어쓰기 사전 | 띄어쓰기 중 혼동하기 쉬운 사용 예들을 가려내 정리한 사전입니다. |

| 속담 사전 | 여러 가지 속담의 뜻과 쓰임을 자세하게 설명해 줍니다. |

## 02 국어사전에서 알 수 있는 내용

• 낱말의 뜻을 알 수 있습니다.
• 낱말의 발음을 알 수 있습니다.
• 띄어쓰기를 확인할 수 있습니다.
• 낱말이 사용되는 예를 알 수 있습니다.
• 낱말을 나타내는 그림이나 사진을 볼 수 있는 경우도 있습니다.

정답과 해설 105쪽

## 03 국어사전에서 낱말을 찾는 방법

① 한글 글자는 첫 자음자, 모음자, 끝 자음자로 이루어지는데, 국어사전에는 각 글자에 쓰인 낱자의 순서에 따라 낱말이 실려 있으며, 첫 번째 글자의 첫 자음자가 같은 낱말끼리 모아 놓았습니다. 따라서 국어사전에서 낱말을 찾으려면 먼저 낱말의 첫 번째 글자의 첫 자음자를 찾습니다.

**첫 자음자 순서**　　ㄱ, ㄲ, ㄴ, ㄷ, ㄸ, ㄹ, ㅁ, ㅂ, ㅃ, ㅅ, ㅆ, ㅇ, ㅈ, ㅉ, ㅊ, ㅋ, ㅌ, ㅍ, ㅎ

② 그런 다음, 첫 번째 글자의 모음자, 받침의 순서대로 찾고, 나머지 글자들도 낱자의 순서대로 찾습니다.

**모음자 순서**　　ㅏ, ㅐ, ㅑ, ㅒ, ㅓ, ㅔ, ㅕ, ㅖ, ㅗ, ㅘ, ㅙ, ㅚ, ㅛ, ㅜ, ㅝ, ㅞ, ㅟ, ㅠ, ㅡ, ㅢ, ㅣ

**받침 순서**　　ㄱ, ㄲ, ㄳ, ㄴ, ㄵ, ㄶ, ㄷ, ㄹ, ㄺ, ㄻ, ㄼ, ㄽ, ㄾ, ㄿ, ㅀ, ㅁ, ㅂ, ㅄ, ㅅ, ㅆ, ㅇ, ㅈ, ㅊ, ㅋ, ㅌ, ㅍ, ㅎ

 '국어'라는 낱말을 국어사전에서 찾으려면, 어떤 낱자를 찾아야 하는지 빈칸에 쓰세요.

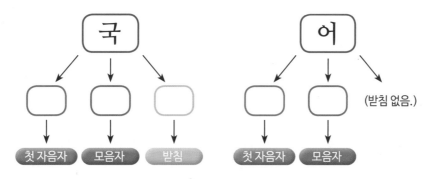

**부록 ②**

## 04 형태가 바뀌는 낱말을 국어사전에서 찾는 방법

① 우리말에서 '잡다, 울다, 달리다' 등의 움직임을 나타내는 낱말이나 '차갑다, 크다, 좁다' 등 성질이나 상태를 나타내는 낱말은 형태가 바뀝니다. 이처럼 형태가 바뀌는 낱말을 국어사전에서 찾으려면 낱말에서 형태가 바뀌지 않는 부분을 찾습니다.

확인문제 다음 낱말에서 형태가 바뀌지 않는 부분과 형태가 바뀌는 부분을 찾아 쓰세요.

| 낱말 | 형태가 바뀌지 않는 부분 | 형태가 바뀌는 부분 |
|---|---|---|
| 잡고 | | |
| 잡는다 | | |
| 잡았다 | | |
| 잡으면 | | |

② 형태가 바뀌지 않는 부분에 '-다'를 붙여 기본형을 만듭니다.

확인문제 '잡고, 잡는다, 잡았다, 잡으면'의 기본형을 쓰세요.

| 형태가 바뀌지 않는 부분 | 형태가 바뀌는 부분 | 기본형 |
|---|---|---|
| 잡 | 고, 는다, 았다, 으면 | |

③ 낱말의 기본형을 국어사전에서 찾습니다.

## 05 쓰임에 따른 낱말의 분류

**(1) 명사** ｜ 사람이나 사물의 이름을 나타내는 낱말로, 형태가 바뀌지 않습니다.

확인문제 빈칸에 들어갈 명사로 알맞은 것을 〈보기〉에서 골라 쓰세요.

〈 보기 〉      닭     강아지     모이     장미     호랑이

<table>
<tr><td>□□□가 뛰어간다.</td><td>□□□가 아름답다.</td><td>□□□는 동물이다.</td><td>□□이 □□를 먹는다.</td></tr>
</table>

**(2) 동사** | 사람이나 사물의 움직임을 나타내는 낱말로, 형태가 바뀝니다.

확인문제 빈칸에 들어갈 동사로 알맞은 것을 〈보기〉에서 골라 쓰세요.

〈 보기 〉 운다    부른다    읽는다    날아간다

새가 □□□.    동생이 □□□.    친구가 노래를 □□□.    우리는 책을 □□□.

**(3) 형용사** | 사람이나 사물의 성질이나 상태를 나타내는 낱말로, 형태가 바뀝니다.
'무엇이 어떠하다'에서 '어떠하다'의 자리를 채울 수 있는 낱말입니다.

확인문제 빈칸에 들어갈 형용사로 알맞은 것을 〈보기〉에서 골라 쓰세요.

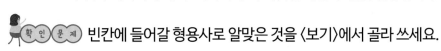

〈 보기 〉 크다    귀엽다    밝다    아프다

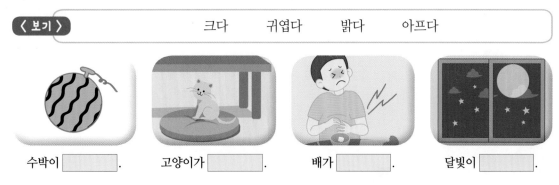

수박이 □□□.    고양이가 □□□.    배가 □□□.    달빛이 □□□.

# 참 쉬운 글쓰기 2

문법에 맞는 글쓰기

# 1장 낱말을 알아보아요

01 낱말의 관계를 알아요 ①　　14

02 낱말의 관계를 알아요 ②　　20

03 낱말의 관계를 알아요 ③　　26

04 낱말은 어떻게 만들까 ①　　32

05 낱말은 어떻게 만들까 ②　　38

06 낱말의 여러 가지 뜻 ①　　44

07 낱말의 여러 가지 뜻 ②　　50

# 01 낱말의 관계를 알아요 ①

교과서에서 배워요

**4학년 1학기 7단원 '사전은 내 친구'에서 배우는 내용입니다.**

- 글에서 낱말의 뜻을 짐작해 보고 사전에서 뜻을 찾아 낱말의 관계를 알 수 있습니다.
- 뜻이 비슷한 낱말이 있습니다.

**01** 밑줄 친 낱말들은 뜻이 서로 어떤 관계인지 쓰세요.

_____

_____

정답과 해설 106쪽

 **개념** 뜻이 비슷한 낱말

**유의어** 낱말들이 서로 소리는 다르지만 의미가 비슷할 때 이들을 뜻이 비슷한 관계에 있다고 하고, 이러한 관계에 있는 낱말들을 '유의어'라고 합니다.

**적용** 1. 밑줄 친 낱말의 유의어를 빈칸에 쓰세요.

놀이터에서 어린이들이 뛰어놉니다.
= 놀이터에서 [      ]들이 뛰어놉니다.

**적용** 2. 밑줄 친 낱말의 유의어를 〈보기〉에서 찾아 빈칸에 쓰세요.

〈 보기 〉 　　아버지　　여성　　수리합니다

어머니는 여자입니다. [      ]

아빠와 산에 올랐습니다. [      ]

고장 난 시계를 고칩니다. [      ]

**01** 〈보기〉에서 알맞은 유의어를 찾아 그림에 어울리는 문장을 만들어 보세요.

〈 보기 〉　　　　　　　　　책방　　　얼굴　　　예절

(1)

깨끗이 씻어야지.

낯

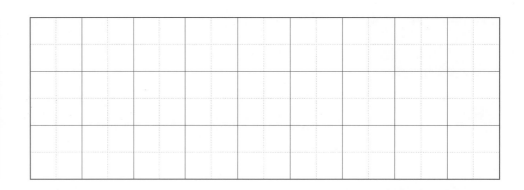

(2)

안녕하세요?

그래, 안녕?

예의

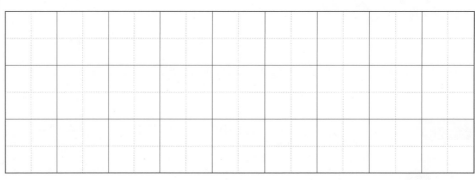

(3)

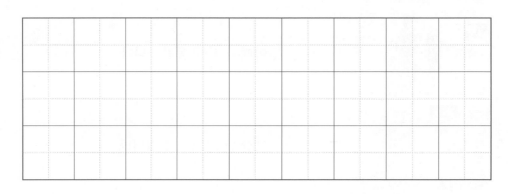

동화책 코너

동화책을 사야지.

서점

**02** 밑줄 친 낱말의 유의어를 활용해 새로운 문장을 만들어 보세요.

〈 예시 〉

<u>달걀</u>은 건강에 좋습니다.

유의어 : 계란

 계란 - 나는 하루에 계란을 한 개씩 먹습니다.

(1)

<u>친구</u>와 자전거를 탔습니다.

유의어 :

-

(2)

이곳은 살기 좋은 <u>동네</u>입니다.

유의어 :

 -

**01** 다음에 제시된 글을 읽어 보세요.

화성은 중세 이전에도 하늘을 ㉠관측하던 과학자들에게 매우 중요한 천체였다. ㉮화성은 환하게 빛나는 붉은 별이기에 많은 관심의 대상이 되었다. 1976년 미국의 바이킹 우주선이 화성에 착륙해 표면의 모습을 지구에 알려 주었다. ㉯화성의 표면은 삭막하지만 군데군데 강줄기가 마른 것처럼 보이는 곳도 있었고, 북극에는 두꺼운 얼음처럼 희게 보이는 부분도 있었다.

그 뒤 1997년 미국의 화성 탐사선 마스 글로벌 서베이어는 화성의 궤도에 ㉡진입해 화성 표면의 상세한 모습을 사진으로 찍어 지구로 보내 주었다. 이 사진에는 높이 솟은 고원 지대도 있고, 길게 뻗어 있는 좁은 협곡도 있었다. 또 거대한 운석이 충돌해 만들어진 분지 지형도 있었으며, 태양계 행성 가운데 가장 거대한 화산 지형도 있었다.

**(1)** ㉮, ㉯의 문장에서 사용한 낱말의 유의어를 〈보기〉에서 찾고, 그 낱말을 활용해 새로운 문장을 만들어 보세요.

〈 보기 〉 　　　　　밝게　　　어둡게　　　빨갛게　　　하얗게

① ㉮에서 사용한 낱말 : _____ = 〈보기〉에서 찾은 유의어 : _____

문장 만들기 _____

② ㉯에서 사용한 낱말 : _____ = 〈보기〉에서 찾은 유의어 : _____

문장 만들기 _____

(2) ⬚ 표시된 부분을 원고지에 바르게 옮겨 써 보세요.

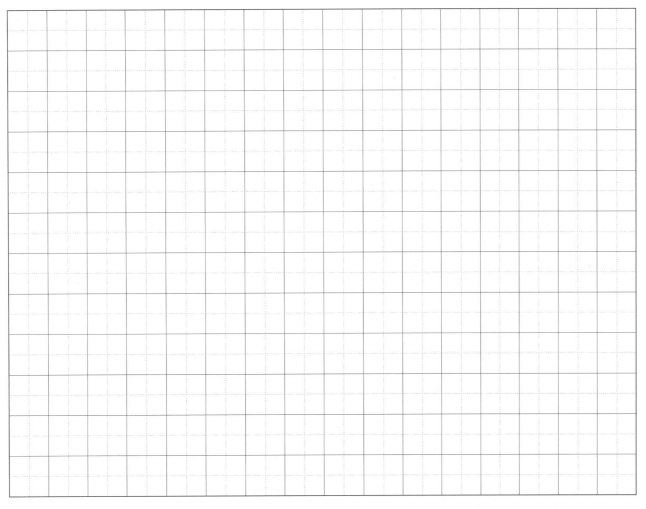

 미니북 사전을 활용하세요.

(3) ㉠, ㉡의 단어의 기본형을 쓰고, 그 뜻을 사전에서 찾아 써 보세요.

㉠ 관측하던 (기본형 :                    )

㉡ 진입해 (기본형 :                    )

# 02 낱말의 관계를 알아요 ②

교과서에서 **배 워 요**

**4학년 1학기 7단원 '사전은 내 친구'에서 배우는 내용입니다.**

- 글에서 낱말의 뜻을 짐작해 보고 사전에서 뜻을 찾아 낱말의 관계를 알 수 있습니다.
- 뜻이 반대인 낱말이 있습니다.

**01** 학생이 고른 낱말들은 서로 어떤 관계인지 쓰세요.

_____

_____

 **개념** 뜻이 반대인 낱말

 반의어

- 낱말들이 서로 반대되는 뜻을 가지고 있을 때 이들을 뜻이 반대인 관계에 있다고 하고, 이러한 관계에 있는 낱말들을 '반의어'라고 합니다.
- 뜻이 반대인 관계에 있는 낱말들은 서로 공통되는 의미 요소가 있으면서 동시에 서로 다른 한 개의 의미 요소가 있습니다. 예를 들어 '할머니'와 '할아버지'라는 낱말은 '나이가 많은 사람'이라는 공통되는 의미 요소가 있으면서 '성별'이라는 의미 요소가 다릅니다.

 **적용** 1. 밑줄 친 낱말의 반의어를 빈칸에 쓰세요.

서랍을 <u>엽니다</u>.　　　　　　　서랍을 　　　　　　.

 **적용** 2. 밑줄 친 낱말의 반의어를 〈보기〉에서 찾아 빈칸에 쓰세요.

〈 보기 〉　　　　　　　　왼쪽　　　높습니다

<u>오른쪽</u>으로 가세요.　　　　　　　　으로 가세요.

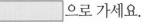

산이 　　　　　.　　　　　　책상이 <u>낮습니다</u>.

**01** 〈보기〉에서 알맞은 낱말을 찾아 그림에 어울리는 문장을 만들어 보세요.

〈 보기 〉        내리다     작다     손     저녁     지다     아래

(1)

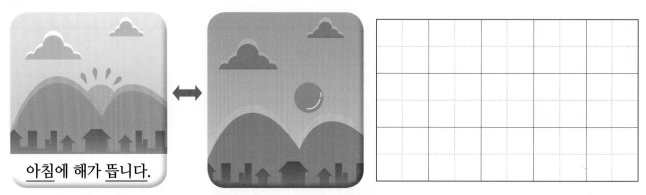

아침에 해가 뜹니다.

(2)

나는 키가 큽니다.

(3)

깃발을 위로 올리세요.

**02** 밑줄 친 낱말의 반의어를 활용해 새로운 문장을 만들어 보세요.

〈 예시 〉

있다: 횡단보도 앞에 여자가 <u>있습니다</u>.

반의어 : 없다

없다 – 도서실 안에 남자는 없었습니다.

**(1)**

가깝다: 나는 <u>가까운</u> 곳은 걸어 다닙니다.

반의어 :

___ –

**(2)**

길다: 언니는 <u>긴</u> 머리카락을 묶었습니다.

반의어 :

___ –

**01** 다음에 제시된 글을 읽어 보세요.

> **가** 나는 한지 공예를 좋아합니다. 한지를 작은 모양으로 잘라서 색깔을 맞추어 붙여 아름다운 그릇을 만듭니다. ㉮내가 만든 작품을 보고 있으면 기분이 좋습니다.
>
> **나** ㉯화성에 물이 있는지는 과학자들은 물론 일반인들도 관심이 많다. 물이 있다는 것은 화성인 또는 외계인까지는 아니더라도 생명체가 있을 수 있다는 것을 뜻하기 때문이다. 2004년에 미국의 쌍둥이 화성 로봇 탐사선인 스피릿 로버와 오퍼튜니티 로버가 서로 화성 반대편에 착륙했다. 이들 탐사선은 물의 영향을 받은 암석을 발견했다. 이 암석들은 물속과 물 밖의 환경이 ㉠번갈아 바뀌는 곳에서 만들어진 것이다. 이것은 화성 표면에서 오랜 시간에 ㉡걸쳐 물이 있다가 증발하는 과정이 반복되었다는 것을 알려 준다.

**(1)** ㉮, ㉯의 문장에서 사용한 낱말의 반의어를 〈보기〉에서 찾고, 그 낱말을 활용해 새로운 문장을 만들어 보세요.

> 〈 보기 〉 　　　　　 빠릅니다　　　 크다　　　 적다　　　 나쁩니다

① ㉮에서 사용한 낱말 : _____  ⬌ 〈보기〉에서 찾은 반의어 : _____

　문 장 만 들 기　 _____

② ㉯에서 사용한 낱말 : _____  ⬌ 〈보기〉에서 찾은 반의어 : _____

　문 장 만 들 기　 _____

(2) ┊┊┊┊ 표시된 부분을 원고지에 바르게 옮겨 써 보세요.

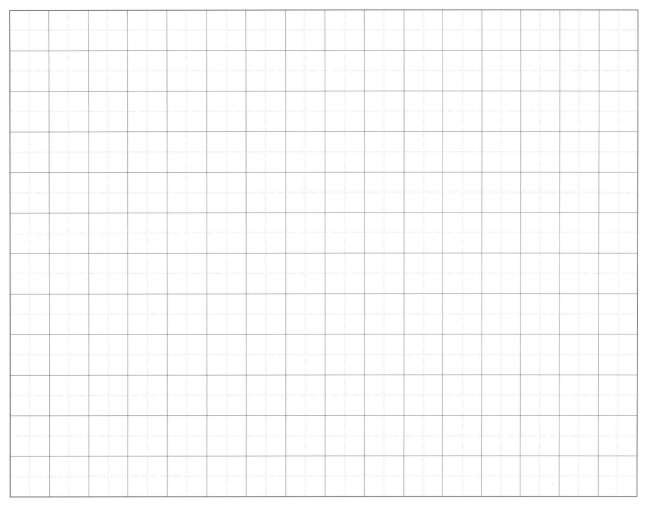

 미니북 사전을 활용하세요.

(3) ㉠, ㉡의 단어의 기본형을 쓰고, 그 뜻을 사전에서 찾아 써 보세요.

㉠ 번갈아 (기본형 :                   )

㉡ 걸쳐 (기본형 :                   )

# 03 낱말의 관계를 알아요 ③

**4학년 1학기 7단원 '사전은 내 친구'에서 배우는 내용입니다.**

- 글에서 낱말의 뜻을 짐작해 보고 사전에서 뜻을 찾아 낱말의 관계를 알 수 있습니다.
- 포함 관계에 있는 낱말이 있습니다.

 **01** 남자아이가 발표한 내용에서 알맞지 않은 내용을 바르게 고쳐 써 보세요.

 **개념** 포함 관계에 있는 낱말

**상의어와 하의어**

- 어떤 낱말의 의미가 다른 낱말의 의미를 포함하거나 다른 낱말의 의미에 포함될 때 이 낱말들을 상하 관계에 있다고 합니다. 이때 다른 낱말의 의미를 포함하는 낱말을 '상의어', 다른 낱말의 의미에 포함되는 낱말을 '하의어'라고 합니다.
- 하의어는 상의어의 한 종류를 가리키는 말이라고 할 수 있습니다.

 **적용** 1. 빈칸에 알맞은 낱말을 쓰세요.

- 과일에는 사과, 수박, 배, 바나나가 있습니다.
- 과일에는 [ ], [ ], [ ], [ ]가 포함됩니다.

**적용** 2. 밑줄 친 낱말과 바꾸어 쓸 수 있는 낱말을 〈보기〉에서 찾아 빈칸에 쓰세요.

〈 보기 〉    고양이    기린    연필    자    지우개    호랑이

학용품에는 <u>공책</u>이 있습니다.    [ ] / [ ] / [ ]

동물에는 <u>개</u>가 있습니다.    [ ] / [ ] / [ ]

## 문제에 적용하기

**01** 〈보기〉에서 그림에 어울리는 낱말을 찾아 포함 관계를 나타내는 문장을 만들어 보세요.

〈 보기 〉 　　　　　　　　채소　　　책　　　계절

(1)

(2)

채소 가게

양파　오이　당근

(3)

교과서

국어

가 나 다 라

오리

동화책

**02** 제시한 낱말의 하의어를 쓰고, 낱말의 포함 관계를 나타내는 문장을 써 보세요.

〈 예시 〉

'꽃'의 종류 ┈┈┈ | 장미꽃 | 목련꽃 | 나팔꽃 |

🖉 꽃에는 장미꽃, 목련꽃, 나팔꽃이 있습니다.

(1)

'운동'의 종류 ┈┈┈ | | | |

🖉

(2)

'악기'의 종류 ┈┈┈ | | | |

🖉

(3)

'나무'의 종류 ┈┈┈ | | | |

🖉

**01** 다음에 제시된 글을 읽어 보세요.

---

**가** 미국의 화성 탐사선인 큐리오시티는 2012년에 화성의 적도 부근에 ㉠착륙했다. ㉮이 탐사선은 화성 표면 바로 아래에 있는 얼음을 발견했다.

> 미국은 2030년까지 사람들이 화성을 여행할 수 있도록 준비를 하고 있다. 큐리오시티는 이 연구 과제의 준비 단계로서 화성에서 사람들이 사는 데 필요한 정보를 모으고 있다. 미국은 현재 화성 여행을 위해 마스 2020 로버를 ㉡준비하고 있으며, 이 탐사선은 화성에서 사람이 살아가는 데 필요한 산소와 자원을 조사할 예정이다.

**나** ㉯고래는 몸이 불편한 동료를 결코 나 몰라라 하지 않아요. 다친 동료가 있으면 여러 마리가 둘러싸고 거의 들어 올리듯 떠받치며 보살핍니다. 고래는 물에서 살지만 물 위로 몸을 내밀어 허파로 숨을 쉬어야 하는 포유동물이에요. 그래서 다친 동료가 있으면 기운을 차릴 때까지 숨을 쉴 수 있도록 이런 식으로 도와준답니다.

---

**(1)** ㉮, ㉯의 문장에서 사용된 낱말과 포함 관계에 있는 낱말을 〈보기〉에서 찾고, 낱말의 포함 관계를 나타내는 문장을 만들어 보세요.

〈 보기 〉          동물      행성

① ㉮의 문장에서 사용한 낱말 : _____ ⊂ 〈보기〉에서 찾은 낱말 : _____

     문 장 만 들 기    _____

② ㉯의 문장에서 사용한 낱말 : _____ ⊂ 〈보기〉에서 찾은 낱말 : _____

     문 장 만 들 기    _____

(2) ⌐⌐⌐ 표시된 부분을 원고지에 바르게 옮겨 써 보세요.

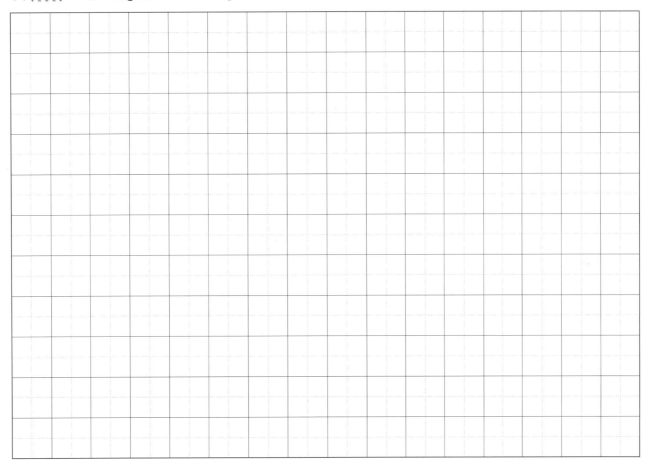

 미니북 사전을 활용하세요.

(3) ㉠, ㉡의 단어의 기본형을 쓰고, 그 뜻을 사전에서 찾아 써 보세요.

㉠ 착륙했다 (기본형 :                    )

㉡ 준비하고 (기본형 :                    )

# 04 낱말은 어떻게 만들까 ①

5학년 1학기 8단원 '아는 것과 새롭게 안 것'에서 배우는 내용입니다.

• 낱말의 짜임을 알 수 있습니다.

• 낱말에 다른 낱말을 합쳐서 낱말을 만들 수 있습니다.

01 밑줄 친 낱말 중 뜻이 있는 두 낱말을 합쳐서 만든 낱말을 찾고, 그 뜻을 짐작해 보세요.

정답과 해설 109쪽

**개념** 낱말의 짜임

**단일어**
낱말을 쪼개었을 때 각각 아무 뜻을 가지지 못하여 더 이상 나눌 수 없는 낱말입니다.
예 하늘, 바다, 사과, 어머니, 무지개, 호랑이

**복합어**
• 낱말을 쪼개었을 때 더 작은 부분으로 나눌 수 있는 낱말입니다.
• 복합어 중 뜻이 있는 두 낱말을 합해서 만든 낱말을 '합성어'라고 합니다.
예 산딸기, 밤송이, 검붉다, 바늘방석, 구름다리

**적용** 1. 빈칸에 알맞은 낱말을 쓰세요.

        =                +

사과나무                     □□□□                     □□□□

➡ 문장 만들기   [          ]에 사과가 주렁주렁 열렸습니다.

**적용** 2. 밑줄 친 부분을 다른 낱말로 바꾸어 합성어를 만들 때, 빈칸에 들어갈 알맞은 낱말을 〈보기〉에서 찾아 쓰세요.

| 〈보기〉 | 바닥 | 동화 | 역사 | 전등 | 거울 | 만화 |
|---|---|---|---|---|---|---|

| '손'과 합쳐진 합성어 | 손<u>수건</u> | 손□□□ / 손□□□ / 손□□ |
|---|---|---|
| '책'과 합쳐진 합성어 | <u>국어</u>책 | □□□책 / □□□책 / □□□책 |

**01** 〈보기〉에서 알맞은 합성어를 찾아 그림에 어울리는 문장을 만들어 보세요.

〈 보기 〉　　　　　　　　김밥　　　　책가방　　　　쓰레기통

(1)

(2)

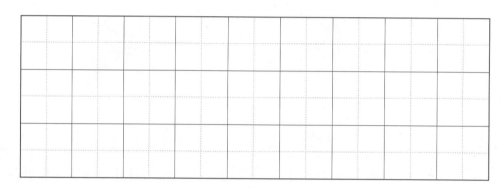

(3)

**02** 그림을 보고 알맞은 합성어를 넣어 어울리는 문장을 만들어 보세요.

〈 예시 〉

| 합성어 |
|:---:|
| 눈사람      눈싸움      눈꽃 |

✏️ 　눈사람　 – 나는 눈사람을 만들었습니다.

---

**(1)**

| 합성어 |
|:---:|
| 돌담      돌벽      돌다리 |

✏️ 　　　　 –

---

**(2)**

| 합성어 |
|:---:|
| 검붉다      검푸르다      높푸르다 |

✏️ 　　　　 –

---

**01** 다음에 제시된 글을 읽어 보세요.

예부터 우리 조상들이 좋아했던 대나무는 굽힐 줄 모르는 ㉠곧은 마음을 상징했어요. 대나무를 즐겨 그리는 선비가 많았고, 장인들은 대나무로 여러 가지 물건을 만들었지요. ㉮소나무로 만든 악기들도 아주 많아요. 대나무는 속이 비어 있어서 보통 나무와는 다른 소리를 내는 악기를 만들 수 있어요. ㉯그윽하고 평온한 소리가 울려 나오는 대금, 햇빛이 빛나는 봄밤에 어울리는 악기인 피리를 만듭니다. 그리고 맑고 ㉡청아한 소리를 내는 단소도 만들 수 있습니다.

초가지붕 위에 주렁주렁 앉아 자라던 박은 물을 푸는 물박, 간장을 퍼내는 장 박, 밥을 담는 주발 박 같은 바가지나 그릇을 만드는 데 많이 쓰였어요. 우리 악기 가운데 생황은 박으로 만든 악기입니다. 생황은 박으로 만든 공명통(소리를 울리게 하는 통)에 서로 길이가 다른 여러 개의 대나무 관이 꽂혀 있는 악기예요.

**(1)** ㉮, ㉯의 문장에서 글의 내용상 잘못 사용한 낱말을 찾아 〈보기〉의 합성어로 바르게 고치고, 그 낱말을 활용해 새로운 문장을 만들어 보세요.

〈 보기 〉

옻나무　　　달빛　　　대나무　　　불빛

① ㉮에서 잘못 사용한 합성어 고치기 : ＿＿＿＿＿＿＿ → ＿＿＿＿＿＿＿

　문 장 만 들 기　＿＿＿＿＿＿＿＿＿＿＿＿＿＿＿＿＿＿＿＿＿＿＿

② ㉯에서 잘못 사용한 합성어 고치기 : ＿＿＿＿＿＿＿ → ＿＿＿＿＿＿＿

　문 장 만 들 기　＿＿＿＿＿＿＿＿＿＿＿＿＿＿＿＿＿＿＿＿＿＿＿

(2) ⌐ ¬ 표시된 부분을 원고지에 바르게 옮겨 써 보세요.

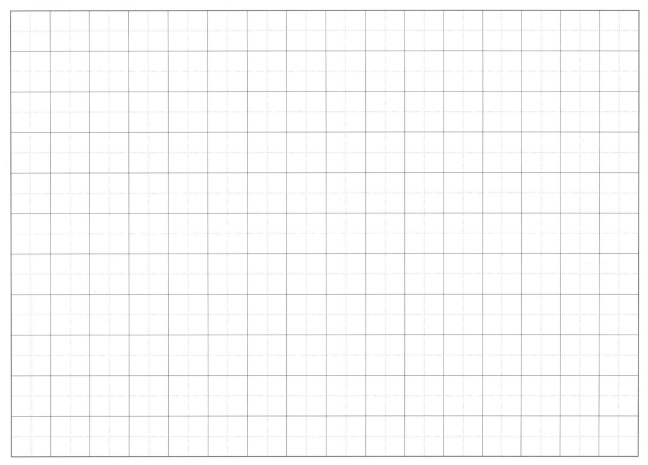

 미니북 사전을 활용하세요.

(3) ㉠, ㉡의 단어의 기본형을 쓰고, 그 뜻을 사전에서 찾아 써 보세요.

㉠ 곧은 (기본형 :                    )

 ✏ _____

㉡ 청아한 (기본형 :                    )

 ✏ _____

# 05 낱말은 어떻게 만들까 ②

5학년 1학기 8단원 '아는 것과 새롭게 안 것'에서 배우는 내용입니다.

• 뜻을 더해 주는 말에 낱말을 합쳐서 낱말을 만들 수 있습니다.

(가)

풋고추

(나)

멋쟁이

**01** (가)와 (나)의 친구들이 낱말의 짜임을 바르게 알고 있는지 써 보세요.

_____

_____

정답과 해설 110쪽

**개념** 파생어의 뜻

**파생어**

- 복합어에 속하며, 더 작은 부분으로 나눌 수 없는 단일어에 혼자 쓰일 수 없는 말을 합쳐서 만든 낱말입니다.
- 뜻을 더해 주는 말과 뜻이 있는 낱말을 합한 낱말을 '파생어'라고 합니다.
  ㉘ 덧신, 애호박, 치솟다, 녹음기, 자랑스럽다

**적용** 1. 빈칸에 알맞은 낱말을 쓰세요.

맨발

= [          ] + [          ]

➡ 문장 만들기   나는 동생과 함께 [          ]로 모래사장을 뛰어다녔다.

**적용** 2. 밑줄 친 부분을 다른 낱말로 바꾸어 파생어를 만들 때, 빈칸에 들어갈 알맞은 낱말을 〈보기〉에서 찾아 쓰세요.

〈 보기 〉   자유   날   감자   덮   마늘   마   풍요   명예   생강

| '햇'과 합쳐진 파생어 | 햇<u>밤</u> | 햇[    ] / 햇[    ] / 햇[    ] |
| '개'와 합쳐진 파생어 | 지우<u>개</u> | [    ]개 / [    ]개 / [    ]개 |
| '롭다'와 합쳐진 파생어 | 향기<u>롭다</u> | [    ]롭다 / [    ]롭다 / [    ]롭다 |

## 문제에 적용하기

**01** 〈보기〉에서 알맞은 파생어를 찾아 그림에 어울리는 문장을 만들어 보세요.

〈 보기 〉  첫눈    낚시꾼    공부하다

(1)

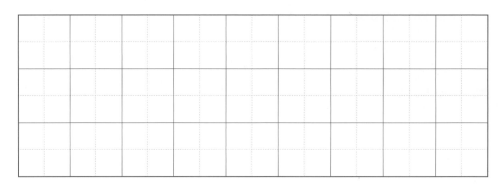

(2)

(3)

올해 처음으로
내리는 눈이야.

**02** 그림을 보고 알맞은 파생어를 넣어 어울리는 문장을 만들어 보세요.

〈 예시 〉

| 파생어 |
| :---: |
| 부채질　　　망치질　　　가위질 |

✏️ **가위질** – 아이가 색종이를 오리려고 가위질을 합니다.

(1)

| 파생어 |
| :---: |
| 잠꾸러기　　　장난꾸러기　　　욕심꾸러기 |

✏️  –

(2)

| 파생어 |
| :---: |
| 새하얗다　　　새까맣다　　　새파랗다 |

✏️  –

**01** 다음에 제시된 글을 읽어 보세요.

> 문화재를 개방해야 합니다. 문화재를 직접 ㉠관람하면 옛 조상이 살았던 때를 생생하게 느낄 수 있습니다. ㉮저는 가족과 함께 고인돌 거주지를 보러 갔습니다. 거대한 고인돌이 생생하게 기억에 남았습니다. 누리집에서 고인돌에 대한 정보를 찾아보았고, ㉯학교 대사관에서 고인돌에 대한 책을 빌려 읽기도 했습니다.
>
> 또 문화재를 개방해야만 문화재 ㉡훼손을 막을 수 있습니다. 20○○년 7월 ○○일 신문 기사를 보니 고궁 가운데 한 곳인 ○○궁에 곰팡이가 번식했다는 내용이 있었습니다. 장마인데 문을 닫고만 있어서 바람이 통하지 않아 곰팡이가 궁궐 안으로 퍼진 것입니다. 사람들이 드나들면서 바람이 통하게 하면 이와 같은 문제는 해결될 것입니다.
>
> 문화재를 개방하면 자신이 체험한 문화재를 보호하려고 노력하는 사람이 늘어날 것입니다. 어디에 있는지도 모르는 유물이 아니라 우리 곁에 있는 문화재가 되어야 합니다. 우리가 함께 가꾸고 ㉢보존해 나간다고 생각한 뒤에 힘을 모으면 '살아 있는' 문화재가 될 것입니다.

**(1)** ㉮, ㉯의 문장에서 잘못 사용한 낱말을 찾아 〈보기〉의 파생어로 바르게 고치고, 그 낱말을 활용해 새로운 문장을 만들어 보세요.

〈 보기 〉          목적지          영화관          유적지          도서관

① ㉮에서 잘못 사용한 파생어 고치기 : _____ → _____

문장만들기 _____

② ㉯에서 잘못 사용한 파생어 고치기 : _____ → _____

문장만들기 _____

(2) 표시된 부분을 원고지에 바르게 옮겨 써 보세요.

 미니북 사전을 활용하세요.

(3) ㉠ ~ ㉢의 단어의 기본형을 쓰고, 그 뜻을 사전에서 찾아 써 보세요.

㉠ 관람하면 (기본형 :               )

 뜻

㉡ 훼손

 뜻

㉢ 보존해 (기본형 :               )

 뜻

# 06 낱말의 여러 가지 뜻 ①

- 상황에 따라 여러 가지로 해석되는 낱말이 있습니다.
- 하나의 낱말이 두 가지 이상의 관련된 의미로 쓰이기도 합니다.

**01** (가)와 (나)에서 밑줄 친 낱말은 각각 어떤 뜻으로 쓰였는지 써 보세요.

_____

_____

 **다의어**

**다의어의 뜻**
- 하나의 낱말이 두 가지 이상의 관련된 의미로 쓰이는 낱말을 '다의어'라고 합니다.
- 다의어의 뜻을 알려면 그 낱말이 쓰인 앞뒤 내용을 잘 살피면서 읽어야 합니다.

 1. 다음 제시된 그림과 낱말의 뜻을 보고 빈칸에 알맞은 말을 쓰세요.

| 그림 |  | |  |
|---|---|---|---|
| 낱말의 뜻 | 사람 몸에 있는 신체의 부분. | 물체를 받치는 부분. | 오징어나 문어 등 동물의 머리에 달려 있는 기관. |
| 문장 | 다리가 깁니다. | 의자 다리가 ☐. | ☐는 다리가 10개입니다. |

 2. 낱말의 뜻이 잘 드러나는 문장이 되도록 빈칸에 알맞은 말을 〈보기〉에서 찾아 쓰세요.

〈 보기 〉    해결    많아서    넣었습니다    만났습니다

| 다의어 | 낱말의 뜻 | 문장 |
|---|---|---|
| 손 | 사람의 팔목 끝에 달린 부분. | 손을 깨끗이 씻읍시다. |
| | 일을 하는 사람. | 손이 ☐ 일이 빨리 끝났습니다. |
| | 어떤 사람의 영향력이나 권한이 미치는 범위. | 중요한 일을 내 손에 ☐. |
| 길 | 사람이나 동물, 차 등이 다닐 수 있도록 만들어진 곳. | 길이 많이 막힙니다. |
| | 어떠한 일을 하는 도중. | 학교 가는 길에 친구를 ☐. |
| | 방법이나 수단. | 문제를 ☐할 길을 찾고 있습니다. |

**01** 〈보기〉에서 알맞은 낱말을 두 가지 찾아 그림에 어울리는 문장을 만들어 보세요.

〈 보기 〉

| 눈 | … | 초롱초롱하다 나쁘다 정확하다 |
| 얼굴 | … | 세우다 익히다 찡그리다 |
| 밥 나이 마음 | … | 먹다 |

(1)

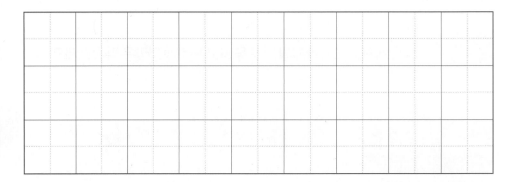

(2)

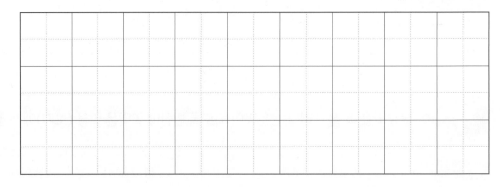

(3)

**02** 제시한 낱말의 여러 가지 뜻 중 한 가지를 활용해 어울리는 문장을 써 보세요.

〈 예시 〉

| 낱말 | 아침 |
|---|---|

| 낱말의 뜻 | • 날이 새면서 오전 반나절쯤까지의 동안. ⋯⋯⋯⋯ ㉠ <br> • 아침에 끼니로 먹는 음식. ⋯⋯⋯⋯ ㉡ |

✎ ㉡ 의 뜻 – 우리 가족은 언제나 다 함께 모여서 아침을 먹습니다.

(1)

| 낱말 | 타다 |
|---|---|

| 낱말의 뜻 | • 피부가 햇볕을 오래 쬐어 검은색으로 변하다. ⋯⋯⋯ ㉠ <br> • 불씨나 높은 열로 불이 붙어 번지거나 불꽃이 일어나다. ⋯⋯ ㉡ <br> • 뜨거운 열을 받아 검은색으로 변할 정도로 지나치게 익다. ⋯⋯ ㉢ |

✎ ☐ 의 뜻 –

(2)

| 낱말 | 고치다 |
|---|---|

| 낱말의 뜻 | • 병 따위를 낫게 하다. ⋯⋯⋯ ㉠ <br> • 잘못되거나 틀린 것을 바로잡다. ⋯⋯ ㉡ <br> • 고장이 나거나 못 쓰게 된 물건을 손질하여 제대로 되게 하다. ⋯ ㉢ |

✎ ☐ 의 뜻 –

# 바르게 문장 쓰기

**01** 다음에 제시된 글을 읽어 보세요.

> ㉮자동차가 많아지면서 교통사고는 심각한 사회 문제가 되었다. 신문 기사나 방송으로 교통사고 소식을 자주 ㉠접할 수 있다. 그중에서도 어린이 교통사고는 가벼운 사고로도 심각한 결과를 가져올 수 있기 때문에 주의가 필요하다. 어린이가 교통사고로 사망하는 유형을 보면 보행 중에 교통사고로 사망하는 경우의 비율이 매우 높다. 어린이의 생명을 지키려면 보행 중인 어린이의 교통사고를 줄일 수 있는 방법을 찾아야 한다.
>
> 어린이 보행 중 교통사고를 줄이는 방법은 무엇일까? 운전자에게 어린이 보행 안전 교육을 ㉡철저히 해야 한다. 전체 교통사고 가운데에서 보행 중에 발생한 사고의 나이대별 분포를 살펴보면, 초등학생이 다른 나이대보다 상대적으로 높게 나타나는 것을 알 수 있다. 이는 초등학생들이 바깥 활동이 잦은 데다 위험 상황을 판단하고 그에 대처하는 능력이 부족하기 때문이다. 그러므로 ㉯운전자에게 어린이 보행자를 보호할 수 있는 안전 교육을 실시해 어린이 보행 중 교통사고가 일어나지 않도록 해야 한다.

**(1)** ㉮, ㉯의 문장에서 사용한 낱말의 정확한 뜻을 〈보기〉에서 찾아 기호를 쓰고, 그 낱말의 뜻이 잘 드러나도록 새로운 문장을 만들어 보세요.

〈 보기 〉
> ① 해답을 요구하는 물음.
> ② 잘 지켜 원래대로 보존되게 할.
> ③ 논쟁, 논의, 연구 따위의 대상이 되는 것.
> ④ 위험이나 곤란 따위가 미치지 아니하도록 잘 보살펴 돌볼.

① ㉮에서 '문제'라는 낱말의 뜻 : (                    )

_____

② ㉯에서 '보호할'이라는 낱말의 뜻 : (                    )

_____

(2) ┊┄┄┊ 표시된 부분을 원고지에 바르게 옮겨 써 보세요.

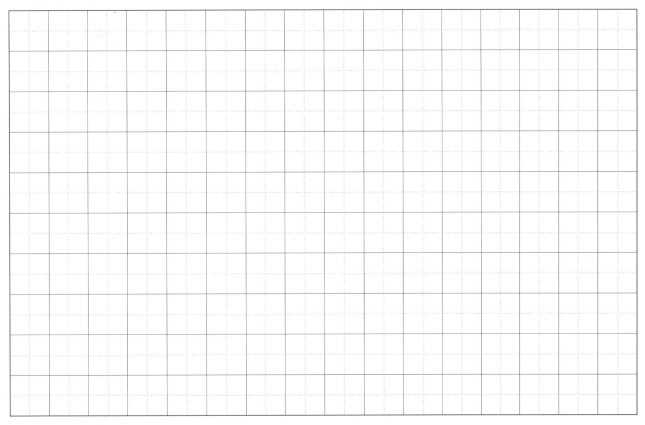

(3) ㉠, ㉡의 단어의 기본형을 쓰고, 그 뜻을 사전에서 찾아 써 보세요.

㉠ 접할 (기본형 : _____ )

 _____

㉡ 철저히

 _____

# 07 낱말의 여러 가지 뜻 ②

교과서에서 **배 워 요**

**5학년 1학기 5단원 '글쓴이의 주장'에서 배우는 내용입니다.**

- 모양은 같지만 뜻이 서로 다른 낱말이 있습니다.
- 낱말의 정확한 뜻을 알아보려면 문장의 앞뒤 내용을 살펴보거나 국어사전을 찾아봅니다.

밑줄 친 두 낱말이 모양은 같지만 뜻이 서로 다른 낱말이면 ○, 그렇지 않으면 X를 하시오.

축구를 하다가
다리를 다쳤습니다.

강 위에 다리가 있습니다.

〈연두〉

〈보라〉

**01** 연두와 보라가 칠판에 적힌 문제를 잘 풀었는지 살펴보세요.

_____

_____

**개념** 동형어

**동형어의 뜻**

- 낱말의 모양은 같지만 전혀 다른 뜻을 가지고 있는 낱말을 '동형어'라고 합니다.
- 동형어를 사용할 때에는 낱말의 뜻을 정확하게 파악하고, 문장의 내용에 어울리게 적절한 낱말을 사용해야 합니다.

**적용** 1. 다음 제시된 그림과 낱말의 뜻을 보고 빈칸에 알맞은 말을 쓰세요.

| 그림 |  병 |  병 |
|---|---|---|
| 낱말의 뜻 | 주로 액체나 가루를 담는 데에 쓰는 목과 아가리가 좁은 그릇. | 생물체의 전신이나 일부분에 이상이 생겨 정상적 활동이 이루어지지 않아 괴로움을 느끼게 되는 현상. |
| 문장 | 빈 병은 깨끗이 씻어서 재활용해야 합니다. | 의사는 [    ]이 난 사람을 낫게 해 줍니다. |

**적용** 2. 낱말의 뜻이 잘 드러나는 문장이 되도록 빈칸에 알맞은 말을 〈보기〉에서 찾아 쓰세요.

〈 보기 〉     과일     타야     부릅니다

| 동형어 | 낱말의 뜻 | 문장 |
|---|---|---|
| 배 | 사람이나 동물의 몸에서 위장, 창자, 콩팥 따위의 내장이 들어 있는 곳. | 밥을 많이 먹었더니 배가 [    ]. |
|  | 배나무의 열매. | 나는 [    ] 중에서 배를 가장 좋아합니다. |
|  | 사람이나 짐 따위를 싣고 물 위로 떠다니도록 나무나 쇠 따위로 만든 물건. | 섬에 들어가려면 배를 [    ] 합니다. |

# 문제에 적용하기

**01** 〈보기〉의 낱말 중 한 가지 낱말을 공통으로 활용해 그림에 어울리는 문장을 만들어 보세요.

〈 보기 〉 안다 베다 들다 하다 차다 가지다

(1)

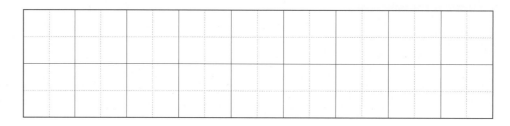

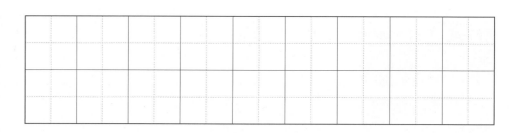

(2)

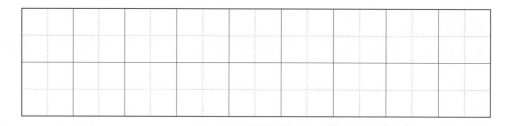

**02** 낱말의 여러 가지 뜻 중 한 가지를 활용해 새로운 문장을 만들어 보세요.

〈 예시 〉

| 낱말 | **적다** |
|---|---|

| 낱말의 뜻 | • 어떤 내용을 글로 쓰다. ⋯⋯⋯⋯⋯⋯⋯⋯⋯⋯⋯⋯⋯⋯⋯⋯⋯⋯ ㉠ <br> • 수효나 분량, 정도가 일정한 기준에 미치지 못하다. ⋯⋯⋯ ㉡ |
|---|---|

✏️ ㉠ 의 뜻 – 시험지에 문제를 풀고 나서 답안지에 답을 적었습니다.

**(1)**

| 낱말 | **가리다** |
|---|---|

| 낱말의 뜻 | • 보이거나 통하지 못하도록 막다. ⋯⋯⋯⋯⋯⋯⋯⋯⋯⋯⋯⋯⋯⋯ ㉠ <br> • 잘잘못이나 좋은 것과 나쁜 것 따위를 따져서 분간하다. ⋯⋯⋯ ㉡ <br> • 곡식이나 장작 따위의 단을 차곡차곡 쌓아 올려 더미를 짓다. ⋯⋯⋯ ㉢ |
|---|---|

✏️ ☐ 의 뜻 –

**(2)**

| 낱말 | **차** |
|---|---|

| 낱말의 뜻 | • 바퀴가 굴러서 나아가게 되어 있는, 사람이나 짐을 실어 옮기는 기관. ⋯⋯⋯ ㉠ <br> • 둘 이상의 사물을 견주었을 때에, 서로 다르게 나타나는 수준이나 정도. ⋯⋯⋯ ㉡ <br> • 식물의 잎이나 뿌리, 과실 따위를 달이거나 우리거나 하여 만든 마실 것을 통틀어 이르는 말. ⋯⋯⋯ ㉢ |
|---|---|

✏️ ☐ 의 뜻 –

## 바르게 문장 쓰기

**01** 다음에 제시된 글을 읽어 보세요.

> 영국의 어느 대학교에서 펼친 '킬러 로봇 반대 운동'을 들어 보았습니까? 이 운동은 로봇을 개발할 때 돈을 우선할 것이 아니라 사회에 ㉠끼칠 위험도 함께 생각해야 한다고 말합니다. 이처럼 우리 사회 곳곳에서는 인공 지능을 개발하거나 이용할 때 사회에 질 책임을 강조하려는 움직임이 활발히 일어나고 있습니다. ㉮인공 지능에는 책임이 있긴 하지만 우리는 인공 지능을 개발하는 것을 포기할 수 없습니다. 인공 지능은 인류 미래에 꼭 있어야 할 기술입니다.
>
> 첫째, 인공 지능에 제대로 된 규칙을 ㉡부여해 잘 ㉢통제하고 활용하면 인류의 삶은 더욱 편리하고 풍요로워질 것입니다. 예를 들어 움직임이 불편한 노인과 장애인들은 무인 자동차로 자유롭게 이동할 수 있습니다. 인류가 인공 지능을 제대로 관리한다면 인공 지능은 인류에게 많은 도움이 될 것입니다.
>
> 둘째, 인공 지능과 관련한 일자리가 늘어날 것입니다. 많은 사람이 인공 지능의 발달로 삼십 년 안에 현재의 일자리 절반이 사라질 것이라고 걱정합니다. ㉯하지만 이 문제는 사람들의 의견을 모으고 제도를 마련하여 인공 지능이 인간의 일자리를 빼앗지 않도록 하면 됩니다.

**(1)** ㉮, ㉯의 문장에서 사용한 낱말의 정확한 뜻을 〈보기〉에서 찾아 기호를 쓰고, 그 낱말의 뜻이 잘 드러나도록 새로운 문장을 만들어 보세요.

〈보기〉
1 공적인 일로 말미암음.
2 기계, 건축물, 공작물 따위의 도면이나 도안을 그림.
3 관습이나 도덕, 법률 따위의 규범이나 사회 구조의 체계.
4 사람의 힘으로 자연에 대하여 가공하거나 작용을 하는 일.

① ㉮에서 '인공'이라는 낱말의 뜻 : (                    )

_____

② ㉯에서 '제도'라는 낱말의 뜻 : (                    )

_____

(2) ⬚ 표시된 부분을 원고지에 바르게 옮겨 써 보세요.

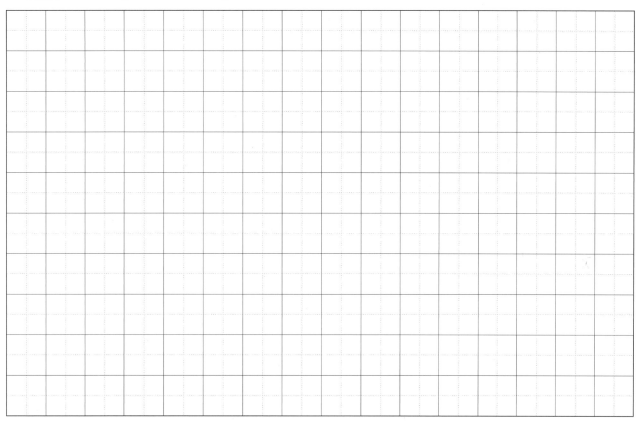

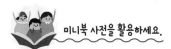 미니북 사전을 활용하세요.

(3) ㉠ ～ ㉢의 단어의 기본형을 쓰고, 그 뜻을 사전에서 찾아 써 보세요.

㉠ 끼칠 (기본형 :                    )

뜻 ✎ _____

㉡ 부여해 (기본형 :                    )

뜻 ✎ _____

㉢ 통제하고 (기본형 :                    )

뜻 ✎ _____

# 참 쉬운 글쓰기 2

## 문법에 맞는 글쓰기

# 2장 문장을 알맞게 써요

**01** 문장의 짜임을 알아요 ①　　58

**02** 문장의 짜임을 알아요 ②　　64

**03** 문장 성분의 호응 관계 ①　　70

**04** 문장 성분의 호응 관계 ②　　76

## 01 문장의 짜임을 알아요 ①

교과서에서 **배 워 요**

**4학년 2학기 5단원** '의견이 드러나게 글을 써요'에서 배우는 내용입니다.

- 문장의 짜임에 맞게 말하고 글을 써야 합니다.
- 문장은 '누가 / 무엇이'에 해당하는 부분과 '무엇이다 / 어찌하다 / 어떠하다'에 해당하는 부분으로 나눌 수 있습니다.

늙은 농부의 세 아들은 게을렀습니다.

**01** 위에서 제시한 문장을 두 부분으로 알맞게 나누어 보세요.

**개념**  문장의 짜임에 맞게 말하거나 문장 쓰기

| 문장의 짜임 | '누가, 무엇이'에 해당하는 부분과 '무엇이다/어찌하다/어떠하다'에 해당하는 부분으로 이루어집니다. |
|---|---|
| 문장의 짜임을 알면 좋은 점 | • 문장을 두 부분으로 끊어 읽으면 이해하기 쉽습니다.<br>• 문장을 두 부분으로 나누어서 앞뒤 연결이 자연스러운지 생각하며 글을 쓸 수 있습니다.<br>• 문장의 뒷부분을 살피면서 앞부분을 보면 어색한 문장을 자연스럽게 고칠 수 있습니다. |

**적용** 1. 빈칸에 알맞은 말을 쓰세요.

| 문장의 짜임 | 누가 무엇이다 | 누가 어찌하다 | 누가 어떠하다 |
|---|---|---|---|
| 문장 | 예지는 초등학생이다. | 초등학생인 예지가 열심히 ☐. | 초등학생인 예지는 ☐. |

**적용** 2. 밑줄 친 부분과 바꾸어 쓸 수 있는 말을 〈보기〉에서 찾아 빈칸에 쓰세요.

〈 보기 〉   기차는   웁니다   자동차는   작습니다

| 누가 / 무엇이 | <u>슬기는</u> 빠릅니다. | ☐ / ☐ |
|---|---|---|
| 무엇이다 / 어찌하다 / 어떠하다 | 매미는 <u>곤충입니다.</u> | ☐ / ☐ |

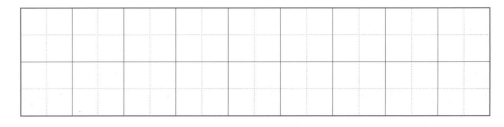

## 문 제 에 적 용 하 기

**01** 〈보기〉의 낱말을 활용해 문장의 짜임에 맞는 문장을 써 보세요.

| 〈 보기 〉 | 누가 / 무엇이 | 무엇이다 / 어찌하다 / 어떠하다 |
|---|---|---|
| | 날씨 | 말하다 |
| | 사과 | 춥다 |
| | 선생님 | 과일 |

**(1) 무엇이 무엇이다**

**(2) 무엇이 어떠하다**

**(3) 누가 어찌하다**

**02** 그림을 보고 문장의 짜임에 맞는 문장을 각각 만들어 보세요.

〈 예시 〉

| 문장의 짜임 | 문장 |
|---|---|
| 누가 어찌하다 | 나는 무거운 가방을 메고 걸어갑니다. |
| 무엇이 어떠하다 | 오늘 내가 들고 온 가방은 무겁습니다. |

(1)

문장의 짜임 　　　　　　　　　　　　　　　　　　　 문장

누가 무엇이다

무엇이 어떠하다

(2)

문장의 짜임 　　　　　　　　　　　　　　　　　　　 문장

누가 어찌하다

무엇이 무엇이다

(3)

문장의 짜임 　　　　　　　　　　　　　　　　　　　 문장

무엇이 어떠하다

무엇이 무엇이다

**01** 다음에 제시된 글을 읽어 보세요.

> 옛날, 어느 마을에 목화 장수 네 사람이 살았다. 그들은 ㉠싼 목화가 있으면 함께 사서 큰 광 속에 보관해 두었다가 값이 오르면 팔았다. 그런데 그 광에는 쥐가 많아 목화를 어지럽히기도 하고 오줌을 싸기도 했다. ㉮궁리 끝에 광에 고양이를 기르기로 하고 똑같이 돈을 내어 고양이를 샀다. 그러고는 공동 책임을 지려고 고양이의 다리 하나씩을 각자 몫으로 정하고 보살피기로 했다.
>
> 어느 날, 고양이가 다리 하나를 ㉡다쳤다. ㉯그 다리를 맡은 목화 장수는 고양이 다리에 산초기름을. 그런데 마침 추운 겨울철이라, 아궁이 곁에서 불을 쬐던 고양이의 다리에 불이 붙고 말았다. 고양이는 얼른 시원한 광 속으로 도망을 쳐서 목화 더미 위에서 굴렀다. 순식간에 목화 더미에 불이 번져 광 속의 목화가 몽땅 타 버리고 말았다.
>
> 목화 장수 네 명은 뜻하지 않게 큰 손해를 보게 되었다. 그러자 고양이의 성한 다리를 맡았던 목화 장수 세 명이 투덜투덜 불평을 늘어놓았다.
>
> "이번 불은 순전히 고양이의 아픈 다리를 맡았던 저 사람 때문이야. 하필이면 불이 잘 붙는 산초기름을 ㉢발라 줄 게 뭐야?"
>
> "맞아, 그러니 목홧값을 그 사람에게 물어 달라고 하자."

**(1)** ㉮, ㉯의 문장에서 주어 부분과 서술어 부분 중 빠진 부분을 쓰고, 〈보기〉에서 알맞은 것을 찾아 바르게 고쳐 써 보세요.

〈 보기 〉    목화 장수들은        발라 주었다

① ㉮에서 빠진 문장 성분은 _____입니다.

고친문장 _____

② ㉯에서 빠진 문장 성분은 _____입니다.

고친문장 _____

(2) ⎡┈┈⎤ 표시된 부분을 원고지에 바르게 옮겨 써 보세요.

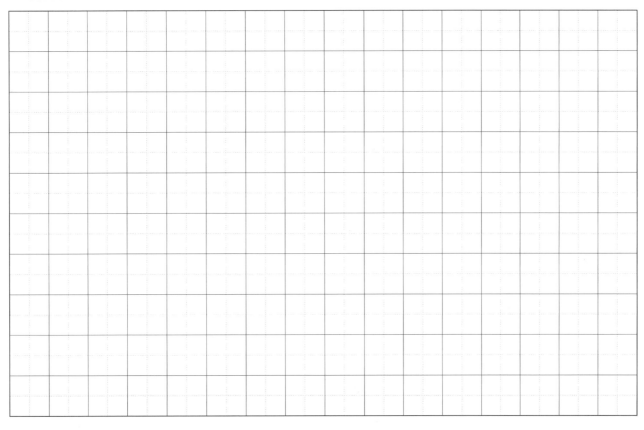

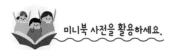 미니북 사전을 활용하세요.

(3) ㉠ ~ ㉢의 단어의 기본형을 쓰고, 그 뜻을 사전에서 찾아 써 보세요.

㉠ 싼 (기본형 :                    )

뜻 ✎ _____

㉡ 다쳤다 (기본형 :                    )

뜻 ✎ _____

㉢ 발라 (기본형 :                    )

뜻 ✎ _____

# 02 문장의 짜임을 알아요 ②

**5학년 1학기 4단원 '글쓰기의 과정'에서 배우는 내용입니다.**

- 문장을 구성하는 성분에는 주어, 서술어, 목적어가 있습니다.
- 문장에는 반드시 있어야 하는 부분과 그렇지 않은 부분이 있습니다.

엄마께 선물을.

선수가 잡았어.

**01** (가)에서 문장을 구성하는 성분 중 빠진 것이 무엇인지 쓰세요.

_____

**02** (나)에서 문장을 구성하는 성분 중 빠진 것이 무엇인지 쓰세요.

_____

정답과 해설 114쪽

**개념**  문장을 구성하는 성분

**주어**
- 문장에서 동작이나 상태의 주체가 되는 말입니다.
- 문장에서 '누가/무엇이'에 해당하는 말입니다.

**서술어**
- 문장에서 주어의 움직임, 상태, 성질 따위를 풀이하는 말입니다.
- 문장에서 '무엇이다/어찌하다/어떠하다'에 해당하는 말입니다.

**목적어**
- 문장에서 동작의 대상이 되는 말입니다.
- 문장에서 '누구를/무엇을'에 해당하는 말입니다.

**적용**  1. 그림을 보고 빈칸에 알맞은 말을 쓰세요.

선수가 — 주어      공을 — 목적어      잡았습니다. — 서술어

☐ — 주어      ☐ — 목적어      ☐ . — 서술어

**적용**  2. 문장의 짜임에 맞게 밑줄 친 부분과 바꾸어 쓸 수 있는 말을 〈보기〉에서 찾아 빈칸에 쓰세요.

〈 보기 〉        고기를        총알이        웁니다

| 주어 (누가/무엇이) | 나비가 날아갑니다. | 철새가 / 비행기가 / ☐ |
| 서술어 (무엇이다/어찌하다) | 동생이 걸어갑니다. | 웃습니다 / 잠들었습니다 / ☐ |
| 목적어 (누구를/무엇을) | 나는 밥을 먹었습니다. | 빵을 / 사과를 / ☐ |

**01** 〈보기〉에서 알맞은 낱말을 골라 문장의 짜임에 맞게 그림에 어울리는 문장을 만들어 보세요.

| 〈보기〉 | 주어 | 목적어 | 서술어 |
|---|---|---|---|
| | 아이 | 모이 | 나르다 |
| | 참새 | 세수 | 먹다 |
| | 옆집 어른 | 짐 | 하다 |

(1)

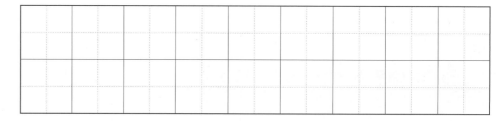

(2)

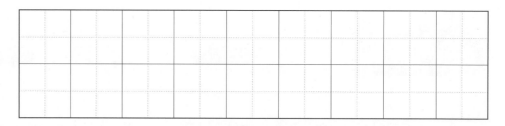

(3)

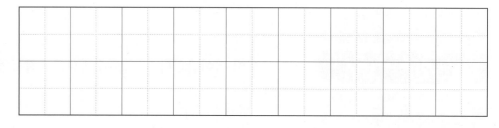

**02** 그림을 보고 문장의 짜임에 맞게 문장을 만들어 보세요.

〈 예시 〉

〈철호〉

| 누가 / 무엇이 | 철호가 |
| 누구를 / 무엇을 | 공을 |
| 무엇이다 / 어찌하다 | 찹니다. |

 철호가 공을 찹니다.

(1)

〈민지〉

누가 / 무엇이

누구를 / 무엇을

무엇이다 / 어찌하다

(2)

〈지호와 친구들〉

누가 / 무엇이

누구를 / 무엇을

무엇이다 / 어찌하다

**01** 다음에 제시된 글을 읽어 보세요.

아침 일찍, 아빠께서 공원에 가자며 나를 깨우셨다.

"㉠일찍 일어나는 새가 잡는다는 말이 있어. 얼른 일어나자."

아빠 말씀에 난 ㉠억지로 일어나 세수를 하고 옷을 입었다. 공원에 갈 준비가 끝날 때까지도 난 계속 ㉡툴툴거렸다.

대문을 나서니, 찬바람에 코끝이 시려 손으로 코를 가렸다.

"왜? 춥니? 좀 걸으면 괜찮아질 거야."

㉯물통을 들고 뚜벅뚜벅 걸어가셨다. 아빠 발걸음이 어찌나 빠른지 나는 그 뒤를 따라 뛰어야 했다. 뒷산 시민 공원에 도착하니 벌써 운동하는 사람이 많아 깜짝 놀랐다.

"준비 운동부터 하자."

나는 아빠를 따라 맨손 체조를 했다. 체조를 하고 나니 정말 추위가 ㉢달아나는 것 같았다. 철봉에서 턱걸이를 다섯 번이나 해서 아빠께 칭찬을 들었다. 아침 일찍 일어나기는 힘들었지만 아빠께 칭찬을 들으니 기분이 좋았다. 운동으로 땀을 흘린 뒤에 마시는 물은 배 속까지 시원하게 했다.

이웃 어른들께 반갑게 인사를 하며 아빠와 함께 공원을 나왔다. 나는 아빠를 앞질러 집으로 달렸다. ㉰아빠와 함께 아침 운동을 하니 기분이 참.

**(1)** ㉮ ~ ㉰의 문장에서 주어, 목적어, 서술어 중 빠진 문장 성분을 쓰고, 〈보기〉에서 알맞은 낱말을 찾아 바르게 고쳐 써 보세요.

〈 보기 〉　　　　아빠께서는　　　벌레를　　　상쾌했다

① ㉮에서 빠진 문장 성분은 ＿＿＿＿＿＿＿입니다.

고 친 문 장 　＿＿＿＿＿＿＿＿＿＿＿＿＿＿＿＿＿＿

② ㉯에서 빠진 문장 성분은 ＿＿＿＿＿＿＿입니다.

고 친 문 장 　＿＿＿＿＿＿＿＿＿＿＿＿＿＿＿＿＿＿

③ ㉰에서 빠진 문장 성분은 ＿＿＿＿＿＿＿입니다.

고 친 문 장 　＿＿＿＿＿＿＿＿＿＿＿＿＿＿＿＿＿＿

(2) ⌐⌐⌐⌐ 표시된 부분을 원고지에 바르게 옮겨 써 보세요.

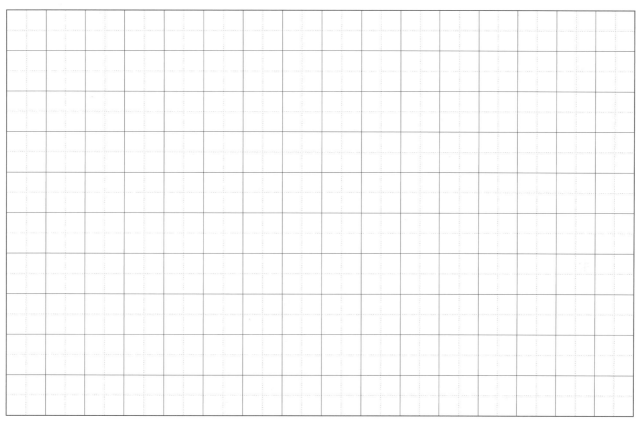

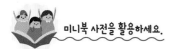 미니북 사전을 활용하세요.

(3) ㉠ ~ ㉢의 단어의 기본형을 쓰고, 그 뜻을 사전에서 찾아 써 보세요.

㉠ 억지로

 ✎ _____

㉡ 툴툴거렸다 (기본형 :                )

 ✎ _____

㉢ 달아나는 (기본형 :                )

 ✎ _____

# 03 문장 성분의 호응 관계 ①

교과서에서 배워요

5학년 2학기 4단원 '겪은 일을 써요'에서 배우는 내용입니다.

- 문장의 앞뒤가 어울리게 쓰는 것을 문장의 호응이라고 합니다.
- 문장을 쓸 때는 주어, 목적어, 서술어와 같은 문장 성분의 호응이 이루어지도록 글을 써야 문장의 뜻을 바르게 이해할 수 있습니다.

아버지께서 손으로 하트 모양을 만들고 계셨다. 그만 웃음이 피식 웃어 버렸다.

**01** 밑줄 친 문장이 앞뒤가 어울리는지 생각해 보세요.

_____

_____

**개념** 문장 성분의 호응 관계 알기 ①

**주어와 서술어의 호응**

- 주어와 호응이 이루어지는 서술어를 넣거나 서술어와 호응이 이루어지는 주어를 넣어 문장을 바르게 쓰는 것을 말합니다.
- 주어와 서술어의 호응 관계를 알아볼 때에는 먼저 문장을 읽고 주어와 서술어를 찾아야 합니다.
- 주어에 호응하는 서술어인지 살펴보아야 합니다.

예 <u>키와 몸무게가</u> <u>늘었다.</u>
　　주어　　　서술어

→ 이 문장에서 주어는 '키와 몸무게'인데, 주어 '키가'와 호응하는 서술어가 없으므로 주어와 서술어의 호응 관계가 바르지 않은 문장입니다. 따라서 '키'와 호응하는 서술어인 '자라다'를 넣어 '키가 자라고 몸무게가 늘었다.'로 고쳐야 합니다.

**적용** 1. 그림을 보고 알맞은 말에는 ○, 잘못된 말에는 × 표시를 하세요.

<u>목이</u> <u>마릅니다.</u>( ○ ) / <u>마십니다.</u>( × )
주어　서술어　　　　　　서술어

<u>이를</u> <u>씻습니다.</u>( 　 ) / <u>닦습니다.</u>( 　 )
주어　서술어　　　　　　서술어

**적용** 2. 문장 성분의 호응 관계에 맞게 밑줄 친 부분과 바꾸어 쓸 수 있는 말을 〈보기〉에서 찾아 빈칸에 쓰세요.

〈보기〉　손톱이　유쾌합니다　나뭇가지가　나쁩니다　머리카락이　불쾌합니다

| 주어 | <u>키가</u> 자랐습니다. | ☐ / ☐ / ☐ |
| 서술어 | 기분이 <u>좋습니다.</u> | ☐ / ☐ / ☐ |

**01** 그림을 보고 〈보기〉에서 주어와 서술어로 알맞은 낱말을 각각 골라 문장 성분의 호응 관계에 맞는 문장을 만들어 보세요.

| 〈 보기 〉 | 주어 | | 서술어 | |
|---|---|---|---|---|
| | 다람쥐 | 까치 | 늘다 | 커지다 |
| | 여행 | 기차 | 지저귀다 | 뛰어놀다 |
| | 몸무게 | 머리 | 즐겁다 | 힘들다 |

(1)

(2)

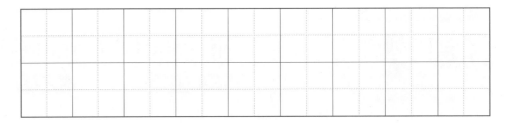

(3)

**02** 그림을 보고 제시된 문장을 문장 성분의 호응 관계에 맞게 고쳐 보세요.

〈 예시 〉

아이가 빵과 우유를 마십니다.

✏️ 아이가 빵을 먹고 우유를 마십니다.

(1)

밤새도록 비와 바람이 불었습니다.

✏️ _____

(2)

저는 나중에 커서 아이들을 가르치고 싶습니다.

저의 장래 희망은 학교에서 아이들을 가르칩니다.

✏️ _____

(3)

우리가 환경을 보호해야 하는 까닭은 무엇일까?

환경 파괴의 피해가 우리에게 돌아오니까.

우리가 환경을 보호해야 하는 까닭은 환경 파괴의 피해가 결국 우리에게 돌아오는 것이라고 생각합니다.

✏️ _____

**01** 다음에 제시된 글을 읽어 보세요.

> 용준이가 문을 똑똑 ㉠두드렸다.
>
> "누나야, 문 열어 봐."
>
> "싫어."
>
> ㉮나는 앞으로 용준이와 놀아 주지 않겠다고 다짐이었다. 한참 있다가 어머니께서 오셨다. 문을 열어 보라고 하시는데 어머니의 표정이 별로 좋아 보이지 않았다. 나는 혼이 날까 봐 살짝 문을 열었다.
>
> "윤서야, 너 좋아하는 연속극 해."
>
> "일기 쓸래요."
>
> 그때 안방에서 아버지께서 부르셨다.
>
> "윤서야, 이리 와 봐."
>
> 나는 입을 쭉 내밀고 절대 앉기 싫다는 표정으로 아버지 옆에 앉았다.
>
> "왜 울었어?"
>
> "잘못은 용준이가 했는데 저만 ㉡야단맞아서요."
>
> "㉢서러웠니?"
>
> "네."
>
> "윤서가 다 컸다고 ㉯아빠가 쉽게 생각이야. 미안하구나."
>
> "……."

(1) ㉮, ㉯의 문장에서 주어와 서술어의 호응이 잘 되는지 살펴보고, 〈보기〉의 낱말 중 한 가지를 활용해 문장을 바르게 고쳐 써 보세요.

〈 보기 〉  다가왔어    다짐했다    생각했어    때문이다

① ㉮에서는 주어에 호응하는 _____를 사용하지 않았습니다.

고친 문장 _____

② ㉯에서는 _____에 호응하는 서술어를 사용하지 않았습니다.

고친 문장 _____

(2) ⬚ 표시된 부분을 원고지에 바르게 옮겨 써 보세요.

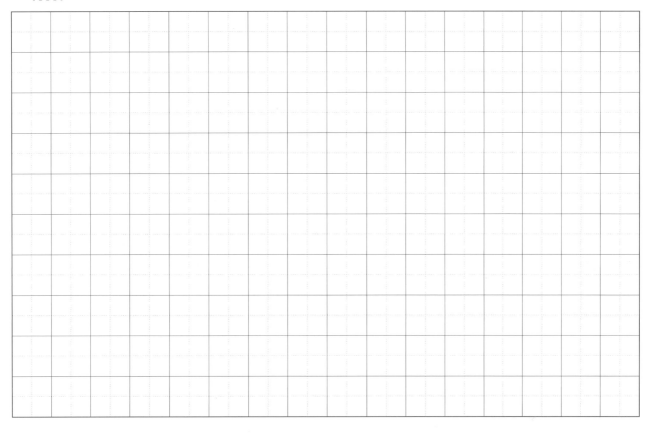

 미니북 사전을 활용하세요.

(3) ㉠ ~ ㉢의 단어의 기본형을 쓰고, 그 뜻을 사전에서 찾아 써 보세요.

㉠ 두드렸다 (기본형 :                    )

뜻 _____

㉡ 야단맞아서요 (기본형 :                    )

뜻 _____

㉢ 서러웠니 (기본형 :                    )

뜻 _____

# 04 문장 성분의 호응 관계 ②

교과서에서 **배 워 요**

5학년 2학기 4단원 '겪은 일을 써요'에서 배우는 내용입니다.

- 시간을 나타내는 말이나 높임의 대상을 나타내는 말에 호응하는 서술어를 사용해야 합니다.
- '결코, 전혀, 별로' 등은 따로 호응하는 서술어를 사용해야 합니다.

**01** 그림에서 친구들이 한 말 중 문장 성분의 호응이 바르지 않은 것을 찾아 바르게 고쳐 보세요.

 **개념** 문장 성분의 호응 관계 알기 ②

- 높임의 대상을 나타내는 말과 서술어가 호응해야 합니다.
- 시간을 나타내는 말(어제, 오늘, 내일 등)에 호응하는 서술어를 사용해야 합니다.
- '결코, 전혀, 별로, 여간, 도저히, 그다지'와 같은 낱말은 '–지 않다, –지 못하다'와 같은 부정의 뜻을 가진 서술어 또는 '안', '못'이 꾸며 주는 서술어와 호응합니다.

 **적용** 1. 그림을 보고 빈칸에 알맞은 말을 쓰세요.

할아버지께서 방을 나가셨습니다.

**높임의 대상**　　　　　**서술어**

할머니께서 진지를 ◻◻◻◻◻.

 **적용** 2. 문장 성분의 호응 관계에 맞게 밑줄 친 낱말과 바꾸어 쓸 수 있는 낱말을 〈보기〉에서 찾아 빈칸에 쓰세요.

〈 보기 〉　　　　　　　　　모레　　　않은

| 시간을 나타내는 말과 서술어의 호응 | 우리 가족은 <u>내일</u> 산에 갈 것입니다. | ◻◻◻ |
| 부사어와 서술어의 호응 | 이 노래는 전혀 들어 보지 <u>못한</u> 노래입니다. | ◻◻◻ |

**01** 그림을 보고 〈보기〉에서 주어와 부사어, 서술어로 알맞은 낱말을 각각 골라 문장 성분의 호응 관계에 맞는 문장을 만들어 보세요.

| 〈보기〉 | 주어 | 부사어 | 서술어 |
|---|---|---|---|
| | 나는 | 여간 | 덥지 않다 |
| | 날씨가 | 결코 | 힘들지 않다 |
| | 물건을 옮기기가 | 별로 | 거짓말하지 않았다 |

(1)

오늘은 별로 안 덥네.

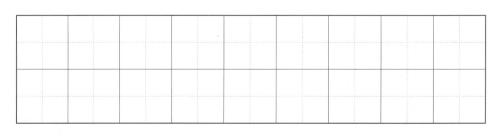

(2)

거짓말이 아니야.

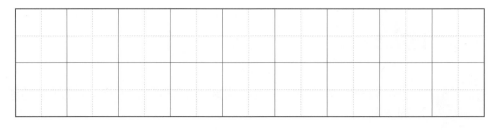

(3)

아, 힘들어.

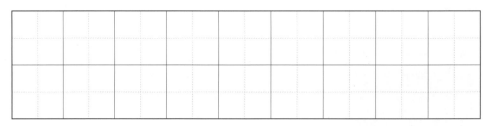

**02** 그림을 보고 주어진 문장 성분을 활용하여 문장 성분의 호응 관계에 맞는 문장을 만들어 보세요.

〈 예시 〉

| 부사어 | 별로 |
|---|---|
| 서술어 | 않다 |

✏️ 바람이 별로 불지 않습니다.

(1)

아, 어려워.

| 부사어 | 전혀 |
|---|---|
| 서술어 | 않다 |

✏️ _____

(2)

다른 사람을 먼저 배려하는 것이 중요합니다.

| 주어 | 선생님 |
|---|---|
| 서술어 | 말하다 |

✏️ _____

(3)

이 그림을 정말 네가 그렸어? 아주 멋지다.

| 부사어 | 도저히 |
|---|---|
| 서술어 | 없다 |

✏️ _____

**01** 다음에 제시된 글을 읽어 보세요.

"아함! 졸려."

㉮ 어제저녁에 방에서 컴퓨터를 하는데 졸음이 밀려온다. 안방으로 가서 가만히 누워 있는데 내 동생 용준이가 나를 툭툭 치며 장난을 걸어왔다. 나는 용준이가 또 ⊙덤빌까 봐 용준이 손을 잡고 안 놓아 주었다. 그러다가 그만 내 눈에 쇳덩어리(용준이 머리)가 '쿵' 하고 부딪쳤다.

"아야!"

나는 너무 아파서 눈물을 ⊙글썽였다. 그랬더니 용준이가 ⓒ혼날까 봐 따라 울려고 그랬다. ㉯ 나는 결코 용준이를 아프게 한 적이 있는데도 말이다.

"야, 네가 왜 울어?"

그때였다. 아버지께서 눈을 크게 뜨며

"진윤서, 너 왜 동생 울려?"

하고 큰소리를 내셨다. 나한테만 뭐라고 하시는 아버지를 이해할 수 없었다. 나는 화가 나서 울며 내 방으로 들어가 침대에 누웠다.

'쳇, 나한테만 뭐라고 하고…….'

**(1)** ㉮, ㉯의 문장에서 문장 성분의 호응이 이루어지지 않는 이유를 쓰고, 〈보기〉에서 알맞은 낱말을 찾아 문장을 바르게 고쳐 써 보세요.

〈 보기 〉　　　　밀렸다　　　　아닌데도　　　　없는데도　　　　밀려왔다

① ㉮에서는 시간을 나타내는 말에 호응하는 ＿＿＿＿＿＿＿를 사용하지 않았습니다.

고 친 문 장　＿＿＿＿＿＿＿＿＿＿＿＿＿＿＿＿＿＿＿＿＿＿＿＿＿＿＿

② ㉯에서는 '결코'라는 낱말에 호응하는 ＿＿＿＿＿＿＿를 사용하지 않았습니다.

고 친 문 장　＿＿＿＿＿＿＿＿＿＿＿＿＿＿＿＿＿＿＿＿＿＿＿＿＿＿＿

(2) ⬚ 표시된 부분을 원고지에 바르게 옮겨 써 보세요.

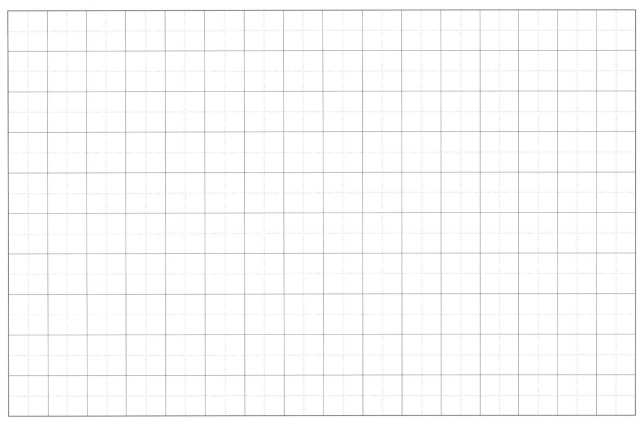

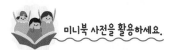 미니북 사전을 활용하세요.

(3) ㉠ ~ ㉢의 단어의 기본형을 쓰고, 그 뜻을 사전에서 찾아 써 보세요.

㉠ 덤빌까 (기본형 :                    )

뜻 _____

㉡ 글썽였다 (기본형 :                    )

뜻 _____

㉢ 혼날까 (기본형 :                    )

뜻 _____

# 참 쉬운 글쓰기2

문법에 맞는 글쓰기

# 3장 알맞게 표현해요

**01** 높임 표현을 사용해요      84

**02** 관용 표현을 활용해 볼까 ①      90

**03** 관용 표현을 활용해 볼까 ②      96

# 01 높임 표현을 사용해요

3학년 1학기 3단원 '의견이 드러나게 글을 써요'에서 배우는 내용입니다.

- 듣는 사람이 말하는 사람보다 웃어른이거나 여러 명일 때 높임 표현을 사용합니다.
- 높임의 대상과 방법에 맞게 높임말을 사용하고, 높여야 하는 대상을 존중하는 마음으로 대화합니다.

**01** 남자아이가 한 말에서 잘못된 점을 생각해 보세요.

_____

_____

**개념** 높임 표현

**높임 표현의 뜻**
- 대상을 높여서 말하는 것입니다.
- 높임 표현에는 대상을 공경하는 마음이 담겨 있습니다.

**높임 표현을 사용하는 경우**
- 듣거나 행동하는 사람이 말하는 사람보다 웃어른이거나 여러 명일 때 사용합니다.
- '누구에게'에 해당하는 사람이 말하는 사람보다 웃어른일 때 사용합니다.

**높임을 표현하는 방법**
- '-습니다'나 '요'를 써서 문장을 끝맺습니다.
- 높임을 나타내는 '-시-'를 넣습니다.
- 높임의 대상에게 '께서'나 '께'를 사용합니다.
- 높임을 뜻하는 특별한 낱말을 사용합니다.

**적용** 1. 빈칸에 알맞은 말을 쓰세요.

- 어머니, 학교에 다녀왔습니다.

  [높임의 대상]　　　[높임 표현]

- 집에 오자마자 ▢▢▢▢▢▢▢ 인사를 드렸습니다.

**적용** 2. 밑줄 친 낱말을 높임 표현에 맞게 바꾸어 쓸 때, 빈칸에 들어갈 알맞은 낱말을 〈보기〉에서 찾아 쓰세요.

| 〈 보기 〉 | 고모 | 이모 | 주무시나요 | 나가시나요 | 삼촌 | 식사하시나요 |
|---|---|---|---|---|---|---|

| | | | |
|---|---|---|---|
| '-시-'를 넣기 | 아버지, 운동하시나요? | ▢ / ▢ / ▢ |
| '께서'나 '께'를 사용하기 | 선생님께 편지를 썼습니다. | ▢ / ▢ / ▢ |

**01** 그림을 보고 〈보기〉에서 높임의 대상과 서술어로 알맞은 낱말을 각각 골라 문장 성분의 호응 관계에 맞는 문장을 만들어 보세요.

〈 보기 〉

| 높임의 대상 | 서술어 |
|---|---|
| 선생님 | 오다 |
| 할머니 | 부르다 |
| 어머니 | 먹다 |

(1)

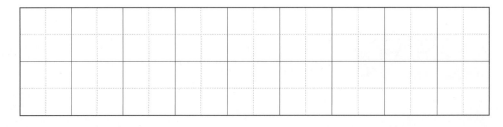

(2)

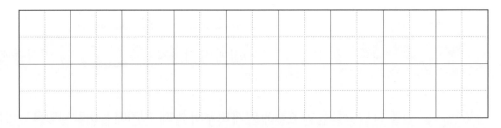

(3)

애들아!

**02** 그림을 보고 높임의 대상에 알맞은 높임 표현을 사용해 문장을 만들어 보세요.

〈 예시 〉

| 높임의 대상 | 어머니 |
| 서술어 | 가져다주다 |

✏️ 아주머니, 어머니께서 이 음식을 가져다드리래요.

(1)

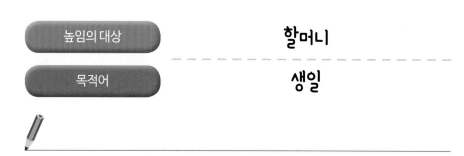

| 높임의 대상 | 할머니 |
| 목적어 | 생일 |

(2)

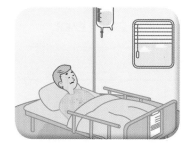

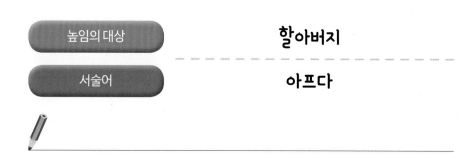

| 높임의 대상 | 할아버지 |
| 서술어 | 아프다 |

(3)

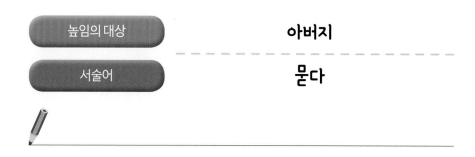

| 높임의 대상 | 아버지 |
| 서술어 | 묻다 |

**01** 다음에 제시된 글을 읽어 보세요.

사회자 : 백화점, ㉠편의점 등에서 물건을 높이는 말, 들어 보셨나요?

구두 판매원 : ㉮이 구두는 특별 할인 제품이시고요.

구두 : 뭐? 내가 제품이시라고?

커피 가게 점원 : ㉯주문하신 아메리카노 나오셨습니다.

커피 : 뭐? 내가 나오셨다고?

휴대 전화 판매원 : ㉰이 핸드폰은 매진되셨어요.

핸드폰 : 뭐? 내가 ㉡매진되셨다고?

사회자 : 이분들은 왜 이러시는 걸까요? 백화점이나 편의점 같은 매장에서 물건을 고객처럼 ㉢존대하는 이 불편한 현실. 여러분은 어떠십니까? 물건을 높인다고 사람이 높아지지는 않습니다. 물건을 높이는 것은 버려야 할 언어 습관입니다.

**(1)** ㉮ ~ ㉰의 문장에서 높임 표현이 잘못된 부분을 찾아 쓰고, 〈보기〉에서 알맞은 것을 찾아 바르게 고쳐 써 보세요.

〈 보기 〉    나왔습니다    제품이고요    매진되었어요

① ㉮에서 높임 표현이 잘못된 부분은 '_____'입니다.

고 친 문 장  _____

② ㉯에서 높임 표현이 잘못된 부분은 '_____'입니다.

고 친 문 장  _____

③ ㉰에서 높임 표현이 잘못된 부분은 '_____'입니다.

고 친 문 장  _____

(2) 〖┈┈〗 표시된 부분을 원고지에 바르게 옮겨 써 보세요.

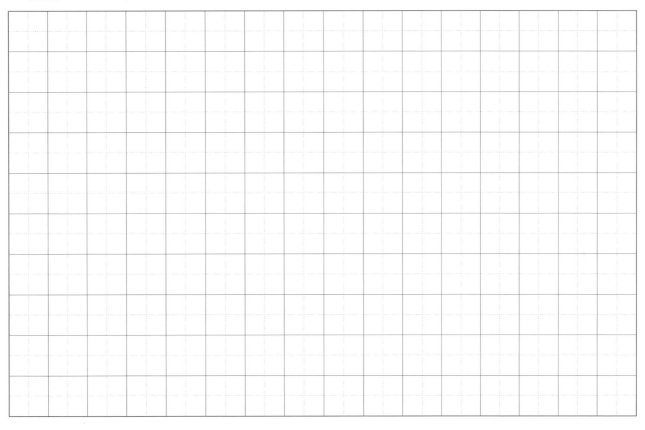

미니북 사전을 활용하세요.

(3) ㉠ ~ ㉢의 단어의 기본형을 쓰고, 그 뜻을 사전에서 찾아 써 보세요.

㉠ 편의점

 _____

㉡ 매진되셨다고 (기본형 :                    )

 _____

㉢ 존대하는 (기본형 :                    )

 _____

# 02 관용 표현을 활용해 볼까 ①

교과서에서 배워요

6학년 1학기 5단원 '속담을 활용해요'에서 배우는 내용입니다.

- 속담을 사용하여 자신의 생각을 효과적으로 드러낼 수 있습니다.
- 다양한 상황에서 쓰이는 속담의 뜻을 알 수 있습니다.

**01** 두리가 활용한 속담이 말하는 상황에 어울리는지 써 보세요.

_____

_____

## 개념 속담

**속담의 뜻**

예로부터 전해 오는 쉬운 말로 옛사람의 생각과 지혜, 생활 모습과 교훈 등이 담겨 있습니다.

**속담을 사용하는 까닭**

• 듣는 사람이 흥미를 느낄 수 있습니다.
• 조상의 지혜와 슬기를 알 수 있습니다.
• 자신의 생각을 효과적으로 드러낼 수 있습니다.
• 주장의 논리를 뒷받침해 상대를 쉽게 설득할 수 있습니다.

**속담의 뜻을 파악하는 방법**

• 말하는 상황과 말한 내용을 확인합니다.
• 속담이 사용된 상황을 찾아보고 그 뜻을 짐작합니다.

## 적용 1. 그림의 상황에 어울리는 속담은 무엇인지 빈칸에 알맞은 말을 쓰세요.

일 년 동안 이만큼 모았어.

[ ] 모아 태산

㉐ 티끌 모아 태산이라고 하듯 사람들이 조금씩 돈을 보태 이웃 돕기 성금이 많이 모였다.

## 적용 2. 그림의 상황에 어울리는 속담을 생각해 보고, 빈칸에 들어갈 알맞은 말을 〈보기〉에서 찾아 쓰세요.

〈 보기 〉        말        외양간

진작 조심할걸.

소 잃고 [ ] 고친다

야, 똑바로 보고 다녀.

뭐야? 너나 비켜.

가는 [ ]이 고와야 오는 말이 곱다

**01** 〈보기〉에서 그림의 상황에 사용할 수 있는 속담을 골라 쓰세요.

〈 보기 〉

| 속담 |
| --- |
| 발 없는 말이 천 리 간다 |
| 우물을 파도 한 우물을 파라 |
| 하룻강아지 범 무서운 줄 모른다 |

(1)

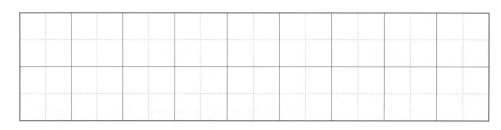

(2)

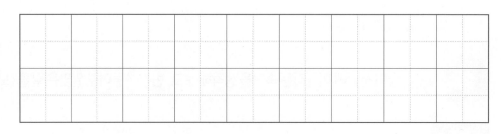

(3)

**02** 제시한 낱말을 활용해 그림의 상황에 어울리는 속담을 쓰고, 그 속담을 넣어 문장을 만들어 보세요.

〈 예시 〉

| 낱말 | 호랑이   말 |
| --- | --- |
| 속담 | 호랑이도 제 말 하면 온다 |

🖊 호랑이도 제 말 하면 온다더니 방금 이야기한 준호가 나타났다.

(1)

오천 원짜리 선풍기의 수리비가 만 원이라니……

| 낱말 | 배   배꼽 |
| --- | --- |
| 속담 | |

🖊

(2)

지금은 힘들어도 묵묵히 하다 보면 좋은 결과가 있을 거야.

승급 준비가 너무 힘들어요.

| 낱말 | 쥐구멍   볕 |
| --- | --- |
| 속담 | |

🖊

**01** 다음에 제시된 글을 읽어 보세요.

> **가** **우진** : 윤경아, 내가 청소 도와줄게.
> **윤경** : 우진아, 괜찮아. 혼자서도 할 수 있어.
> **우진** : "㉮바늘 가는 데 손 간다."라고 했어. 우리는 짝이니까 ㉠함께하자.
> **윤경** : 재미있는 말이네. 고마워!
>
> **나** **다슬** : 친구들이 바른 몸가짐으로 항상 웃으며 인사하면 좋겠어. "㉯하나를 보면 둘을 안다."라는 말이 있듯 이 작은 행동 하나에 그 사람의 많은 것이 드러나게 돼.
> **은비** : 친구의 의견이 ㉡옳은 것 같아.
>
> **다** 영주네 가족은 이삿짐 싸는 차례를 서로 다르게 생각했어요.
> 할머니와 이모께서는 깨지기 쉬운 항아리나 유리그릇부터 ㉢싸라고 하셨고, 삼촌께서는 텔레비전이나 컴퓨터부터 옮기라고 하셨어요. "사공이 많으면 배가 산으로 간다."라는 속담처럼 서로 의견을 굽히지 않아 시간만 흘러갔어요.

**(1)** ㉮, ㉯의 속담에서 잘못된 부분을 찾아 〈보기〉 중 알맞은 것으로 고치고, 그 속담을 활용해 문장을 만들어 보세요.

〈 보기 〉                        하나      열      사람      실

① ㉮에서 잘못된 부분 고치기 : _____ → _____

문 장 만 들 기 _____

② ㉯에서 잘못된 부분 고치기 : _____ → _____

문 장 만 들 기 _____

(2) [ ] 표시된 부분을 원고지에 바르게 옮겨 써 보세요.

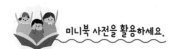 미니북 사전을 활용하세요.

(3) ㉠ ~ ㉢의 단어의 기본형을 쓰고, 그 뜻을 사전에서 찾아 써 보세요.

㉠ 함께하자 (기본형 :                    )

㉡ 옳은 (기본형 :                    )

㉢ 싸라 (기본형 :                    )

# 03 관용 표현을 활용해 볼까 ②

교과서에서 **배 워 요**

6학년 2학기 2단원 '관용 표현을 활용해요'에서 배우는 내용입니다.

- 관용 표현을 활용하면 전하고 싶은 말을 쉽게 표현할 수 있습니다.
- 말하는 상황과 내용에 알맞은 관용 표현을 활용해 자신의 생각을 말합니다.

**01** (가)와 (나)중 상황에 알맞지 않은 관용 표현이 사용된 것을 찾고, 알맞은 관용 표현으로 고쳐 써 보세요.

_____

_____

## 개념 관용 표현

**관용 표현의 뜻**

- 둘 이상의 낱말이 합쳐져 그 낱말의 원래 뜻과는 다른 새로운 뜻으로 굳어져 쓰이는 표현을 '관용 표현'이라고 합니다.
- 관용 표현에는 관용어와 속담 등이 있습니다.

**관용 표현을 사용하면 좋은 점**

- 전하고 싶은 말을 쉽게 표현할 수 있습니다.
- 재미있는 표현이어서 듣는 사람의 관심을 불러일으킬 수 있습니다.
- 하려는 말을 상대가 쉽게 알아들을 수 있습니다.

## 적용 1. 그림의 상황에 어울리는 관용 표현은 무엇인지 빈칸에 알맞은 말을 쓰세요.

생일이 삼 일 남았어.

⬜⬜⬜⬜⬜ 기다리다

㈜ 방학이 되기를 손꼽아 기다렸습니다.

## 적용 2. 그림의 상황에 어울리는 관용 표현을 생각해 보고, 빈칸에 들어갈 알맞은 말을 〈보기〉에서 찾아 쓰세요.

〈 보기 〉 　　　　　　　머리　　　　넓다

미소는 학교에 아는 사람이 많아.

발이 ⬜⬜⬜⬜⬜

다 함께 교실을 깨끗이 쓰는 방법을 알아보자.

⬜⬜⬜⬜⬜를 맞대다

**01** 〈보기〉에서 그림의 상황에 사용할 수 있는 관용 표현을 골라 문장을 만들어 보세요.

〈 보기 〉

| 관용 표현 |
| --- |
| 천하를 얻은 듯 |
| 발 벗고 나서다 |
| 하루에도 열두 번 |

(1)

나는 손을 매우 자주 씻어.

(2)

와, 정상이다! 너무 기뻐!

(3)

좋은 학교를 만들기 위해 제가 앞장서겠습니다.

**02** 제시된 낱말을 활용하여 그림의 상황에 어울리는 관용 표현을 쓰고, 그 관용 표현을 넣어 문장을 만들어 보세요.

〈 예시 〉

넌 정말 겁이 없구나.

| 낱말 |
| 관용 표현 |

손  간  크다  붓다

간이 크다

내 동생은 어릴 때부터 간이 컸다.

(1)

지수는 키가 두드러지게 크구나.

지수

| 낱말 |
| 관용 표현 |

눈  코  높다  띄다

(2)

면접 결과가 어떨지 몹시 초조해.

합격조회

| 낱말 |
| 관용 표현 |

불  애간장  끄다  타다

## 바르게 문장 쓰기

**01** 다음에 제시된 글을 읽어 보세요.

> 여러분이 꿈을 결정한 뒤 구체적인 목표가 없다면 꿈을 이루려는 노력에 ㉮금이 지워지기 쉽습니다. 저는 경찰이 되려고 '하루 30분 운동, 한 분야 공부'처럼 쉬운 목표부터 시작해 운동하고 공부하는 시간과 양을 조금씩 늘려 나갔습니다. 초등학생 때 할 일, 중학생 때 할 일, 그리고 고등학생 때 할 일을 나누어 정하거나, 단계적으로 ㉠실천할 행동 목표를 정한다면 언젠가는 꿈꾸던 인생의 ㉯막을 닫을 수 있을 것입니다.
>
> 여러분, "쇠뿔도 단김에 빼라."라는 말이 있습니다. 지금부터 제 조언을 벗 ㉡삼아 꿈을 찾아 떠나는 노력을 시작하시기 바랍니다. 자신만의 멋진 꿈을 향해 달려가는 후배들을 저도 ㉢응원하겠습니다.

**(1)** ㉮, ㉯의 관용 표현에서 잘못된 부분을 찾아 〈보기〉 중 알맞은 것으로 고치고, 그 관용 표현을 활용해 문장을 만들어 보세요.

〈 보기 〉       열       가기       잠글       사라지기

① ㉮에서 잘못된 부분 고치기 : _____ → _____

　문 장 만 들 기  _____

② ㉯에서 잘못된 부분 고치기 : _____ → _____

　문 장 만 들 기  _____

(2) ┌┈┐ 표시된 부분을 원고지에 바르게 옮겨 써 보세요.

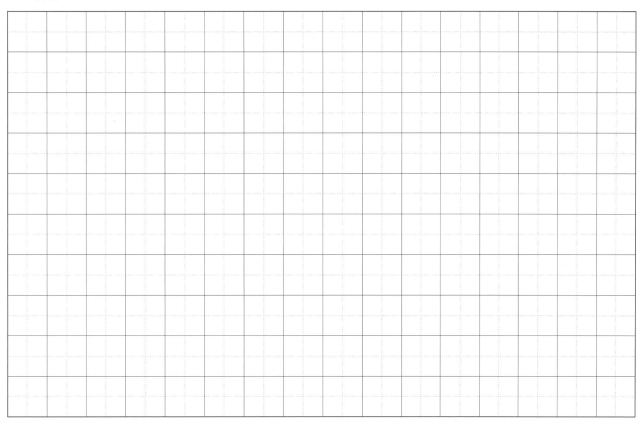

 미니북 사전을 활용하세요.

(3) ㉠ ~ ㉢의 단어의 기본형을 쓰고, 그 뜻을 사전에서 찾아 써 보세요.

㉠ 실천할 (기본형 :                    )

뜻 ✏ _____

㉡ 삼아 (기본형 :                )

뜻 ✏ _____

㉢ 응원하겠습니다 (기본형 :                )

뜻 ✏ _____

메 모 장

참 쉬운
글쓰기 2

정답과 해설

 확인문제

본문 6쪽

|  | 세 | 살 | 버릇 |  | 여 | 든 | 까 | 지 |  | 간 | 다 | 는 |  | 속 | 담 | 이 |  | ∨ |
|---|---|---|---|---|---|---|---|---|---|---|---|---|---|---|---|---|---|---|
| 있 | 습 | 니 | 다 | . | 어 | 릴 |  | 때 |  | 밴 |  | 버 | 릇 | 은 |  | 늙 | 어 |  | 죽 |
| 을 |  | 때 | 까 | 지 |  | 고 | 치 | 기 | 가 |  | 힘 | 들 | 다 | 는 |  | 뜻 | 입 | 니 | 다 | . |
| 따 | 라 | 서 |  | 남 | 에 | 게 |  | 피 | 해 | 를 |  | 주 | 지 |  | 않 | 도 | 록 |  | 어 |
| 릴 |  | 때 | 부 | 터 |  | 올 | 바 | 른 |  | 습 | 관 | 을 |  | 들 | 이 | 는 |  | 것 | 이 | ∨ |
| 중 | 요 | 합 | 니 | 다 | . |  |  |  |  |  |  |  |  |  |  |  |  |  |

 확인문제

본문 7쪽

|  | 잠 | 결 | 에 |  | 어 | 머 | 니 | 의 |  | 목 | 소 | 리 | 가 |  | 들 | 렸 | 다 | . |  |
|---|---|---|---|---|---|---|---|---|---|---|---|---|---|---|---|---|---|---|---|
|  | " | 바 | 다 | 야 | ! |  | 아 | 직 |  | 안 |  | 일 | 어 | 났 | 니 | ? |  | 얼 | 른 | ∨ |
|  | 일 | 어 | 나 | . | 학 | 교 |  | 가 | 야 | 지 | . | " |  |  |  |  |  |  |  |
|  | 눈 | 을 |  | 떠 |  | 보 | 니 |  | 8 | 시 |  | 10 | 분 | 이 | 었 | 다 | . |  | 허 | 겁 |
| 지 | 겁 |  | 일 | 어 | 나 |  | 세 | 수 | 를 |  | 하 | 고 |  | 옷 | 을 |  | 갈 | 아 | 입 |
| 었 | 다 | . | 서 | 둘 | 러 |  | 책 | 가 | 방 | 을 |  | 챙 | 기 | 면 | 서 |  | 생 | 각 | 했 |
| 다 | . |  |  |  |  |  |  |  |  |  |  |  |  |  |  |  |  |  |  |
|  | ' | 오 | 늘 | 도 |  | 지 | 각 | 하 | 면 |  | 안 |  | 되 | 는 | 데 | … | … | . | ' |
|  | 알 | 림 | 장 | 을 |  | 보 | 니 |  | 준 | 비 | 물 | 에 |  | 운 | 동 | 복 | 이 | 라 | 고 | ∨ |
| 적 | 혀 |  | 있 | 었 | 다 | . |  |  |  |  |  |  |  |  |  |  |  |  |  |
|  | 나 | 는 |  | 어 | 머 | 니 | 를 |  | 바 | 라 | 보 | 면 | 서 |  |  |  |  |  |  |
|  | " | 어 | 머 | 니 | , |  | 운 | 동 | 복 |  | 좀 |  | 챙 | 겨 |  | 주 | 세 | 요 | . | " |
| 라 | 고 |  | 말 | 했 | 다 | . |  |  |  |  |  |  |  |  |  |  |  |  |  |

부록 ②

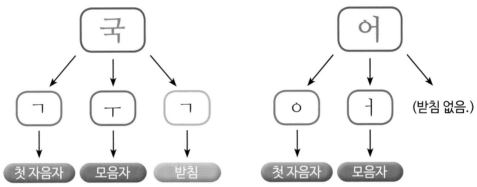

| 낱말 | 형태가 바뀌지 않는 부분 | 형태가 바뀌는 부분 |
|---|---|---|
| 잡고 | 잡 | 고 |
| 잡는다 | 잡 | 는다 |
| 잡았다 | 잡 | 았다 |
| 잡으면 | 잡 | 으면 |

| 형태가 바뀌지 않는 부분 | 형태가 바뀌는 부분 | 기본형 |
|---|---|---|
| 잡 | 고, 는다, 았다, 으면 | 잡다 |

(1) **명사**    강아지 / 장미 / 호랑이 / 닭, 모이

(2) **동사**    날아간다 / 운다 / 부른다 / 읽는다

(3) **형용사**  크다 / 귀엽다 / 아프다 / 밝다

본문 14~15쪽

## 01 낱말의 관계를 알아요 ①

**01.** '매워'의 기본형인 '맵다'는 '고추나 겨자와 같이 맛이 알알하다.', '매콤해야지'의 기본형인 '매콤하다'는 '냄새나 맛이 약간 맵다.', '얼큰하기도'의 기본형인 '얼큰하다'는 '매워서 입 안이 조금 얼얼하다.'라는 뜻입니다. 따라서 세 낱말은 서로 뜻이 비슷한 낱말입니다.

적용1  아이

적용2  • 여성  • 아버지  • 수리합니다

## 문 제 에 적 용 하 기

본문 16~17쪽

**01.** (1)

| 얼 | 굴 | 을 |   | 깨 | 끗 | 이 |
|---|---|---|---|---|---|---|
| 씻 | 습 | 니 | 다 | . |   |   |
|   |   |   |   |   |   |   |

(2)

| 인 | 사 |   | 예 | 절 | 이 |   | 바 |
|---|---|---|---|---|---|---|---|
| 릅 | 니 | 다 | . |   |   |   |   |
|   |   |   |   |   |   |   |   |

(3)

| 책 | 방 | 에 | 서 |   | 동 | 화 | 책 |
|---|---|---|---|---|---|---|---|
| 을 |   | 사 | 려 | 고 |   | 합 | 니 | 다 | . |

**02.** (1) 동무 – 나와 가장 친한 동무는 미소입니다.

(2) 거주하다 – 우리 아파트에는 거주하는 사람이 많습니다.

## 바 르 게 문 장 쓰 기

본문 18~19쪽

**01.** (1) ① 환하게 = 밝게 / 우리는 별이 밝게 빛나는 밤하늘을 바라보았습니다.

② 희게 = 하얗게 / 밤새 눈이 내려서 온 세상이 하얗게 변했습니다.

(2)

| 그 |   | 뒤 |   | 19 | 97 | 년 |   | 미 | 국 | 의 |   | 화 | 성 |   |
|---|---|---|---|---|---|---|---|---|---|---|---|---|---|---|
| 탐 | 사 | 선 |   | 마 | 스 |   | 글 | 로 | 벌 |   | 서 | 베 | 이 | 어 | 는 | ∨ |
| 화 | 성 | 의 |   | 궤 | 도 | 에 |   | 진 | 입 | 해 |   | 화 | 성 |   | 표 |
| 면 | 의 |   | 상 | 세 | 한 |   | 모 | 습 | 을 |   | 사 | 진 | 으 | 로 |
| 찍 | 어 |   | 지 | 구 | 로 |   | 보 | 내 |   | 주 | 었 | 다 | . |   | 이 |
| 사 | 진 | 에 | 는 |   | 높 | 이 |   | 솟 | 은 |   | 고 | 원 |   | 지 | 대 |
| 도 |   | 있 | 고 | , |   | 길 | 게 |   | 뻗 | 어 |   | 있 | 는 |   | 좁 | 은 | ∨ |
| 협 | 곡 | 도 |   | 있 | 었 | 다 | . |   | 또 |   | 거 | 대 | 한 |   | 운 | 석 |
| 이 |   | 충 | 돌 | 해 |   | 만 | 들 | 어 | 진 |   | 분 | 지 |   | 지 | 형 |
| 도 |   | 있 | 었 | 으 | 며 | , |   | 태 | 양 | 계 |   | 행 | 성 |   | 가 | 운 |
| 데 |   | 가 | 장 |   | 거 | 대 | 한 |   | 화 | 산 |   | 지 | 형 | 도 |
| 있 | 었 | 다 | . |   |   |   |   |   |   |   |   |   |   |   |

(3) ㉠ 기본형: 관측하다
뜻: 육안이나 기계로 자연 현상 특히 천체나 기상의 상태, 추이, 변화 따위를 관찰하여 측정하다.

㉡ 기본형: 진입하다
뜻: 향하여 내처 들어가다.

## 02 낱말의 관계를 알아요 ②

본문 20~21쪽

**01.** 학생이 말한 '가다'는 '한곳에서 다른 곳으로 장소를 이동하다.'라는 뜻이고, '오다'는 '어떤 사람이 말하는 사람 혹은 기준이 되는 사람이 있는 쪽으로 움직여 위치를 옮기다.'라는 뜻입니다. 따라서 두 낱말은 서로 뜻이 반대인 낱말입니다.

(적용 1) 닫습니다

(적용 2) • 왼쪽 • 높습니다

## 문 제 에 적 용 하 기

본문 22~23쪽

**01.** (1)

| 저 | 녁 | 에 |  |
|---|---|---|---|
| 해 | 가 | 집 | 니 |
| 다 | . |  |  |

(2)

| 나 | 는 |  | 손 |
|---|---|---|---|
| 이 |  | 작 | 습 | 니 |
| 다 | . |  |  |

(3)

| 깃 | 발 | 을 |  |
|---|---|---|---|
| 아 | 래 | 로 |  | 내 |
| 리 | 세 | 요 | . |

**02.** (1) 멀다 – 나는 먼 곳으로 여행을 갑니다.

(2) 짧다 – 나는 머리카락을 짧게 잘랐습니다.

## 바 르 게 문 장 쓰 기

본문 24~25쪽

**01.** (1) ① 좋습니다 ↔ 나쁩니다 / 질서를 지키지 않는 행동은 나쁩니다.

② 많다 ↔ 적다 / 내 우유가 네 것보다 더 적다.

(2)

| 20 | 04 | 년 | 에 |  | 미 | 국 | 의 |  | 쌍 | 둥 | 이 |  | 화 | 성 | V |
|---|---|---|---|---|---|---|---|---|---|---|---|---|---|---|---|
| 로 | 봇 |  | 탐 | 사 | 선 | 인 |  | 스 | 피 | 릿 |  | 로 | 버 | 와 |  |
| 오 | 퍼 | 튜 | 니 | 티 |  | 로 | 버 | 가 |  | 서 | 로 |  | 화 | 성 |  |
| 반 | 대 | 편 | 에 |  | 착 | 륙 | 했 | 다 | . |  | 이 | 들 |  | 탐 | 사 | 선 |
| 은 |  | 물 | 의 |  | 영 | 향 | 을 |  | 받 | 은 |  | 암 | 석 | 을 |  |
| 발 | 견 | 했 | 다 | . |  | 이 |  | 암 | 석 | 들 | 은 |  | 물 | 속 | 과 |
| 물 |  | 밖 | 의 |  | 환 | 경 | 이 |  | 번 | 갈 | 아 |  | 바 | 뀌 | 는 | V |
| 곳 | 에 | 서 |  | 만 | 들 | 어 | 진 |  | 것 | 이 | 다 | . |  | 이 | 것 | 은 | V |
| 화 | 성 |  | 표 | 면 | 에 | 서 |  | 오 | 랜 |  | 시 | 간 | 에 |  | 걸 |
| 쳐 |  | 물 | 이 |  | 있 | 다 | 가 |  | 증 | 발 | 하 | 는 |  | 과 | 정 |
| 이 |  | 반 | 복 | 되 | 었 | 다 | 는 |  | 것 | 을 |  | 알 | 려 |  | 준 |
| 다 | . |  |  |  |  |  |  |  |  |  |  |  |  |  |

(3) ㉠ 기본형: 번갈다
뜻: 일정한 시간 동안 어떤 행동이 되풀이되어 미치는 대상들의 차례를 바꾸다.

㉡ 기본형: 걸치다
뜻: 일정한 횟수나 시간, 공간을 거쳐 이어지다.

**1** 낱말을 알아보아요

본문 26~27쪽

**03** 낱말의 관계를 알아요 ③

**01.** 남자아이는 '요일'에 포함되는 낱말을 발표했는데, 그중 '주말'은 요일에 포함되는 낱말이 아니므로 알맞지 않습니다. 따라서 '주말'을 '토요일'과 '일요일'로 고쳐야 합니다.

적용1   사과, 수박, 배, 바나나

적용2   • 연필, 자, 지우개
        • 고양이, 기린, 호랑이

문 제 에 적 용 하 기

본문 28~29쪽

**01.** (1)

| 계 | 절 | 에 | 는 | | 봄 | , | | 여 |
|---|---|---|---|---|---|---|---|---|
| 름 | , | | 가 | 을 | , | | 겨 | 울 | 이 |
| 있 | 습 | 니 | 다 | . | | | | |

(2)

| | 양 | 파 | , | | 오 | 이 | , | | 당 | 근 |
|---|---|---|---|---|---|---|---|---|---|---|
| 은 | | 채 | 소 | 입 | 니 | 다 | . | | | |

(3)

| | 책 | 은 | | 동 | 화 | 책 | , | | 교 |
|---|---|---|---|---|---|---|---|---|---|
| 과 | 서 | 를 | | 포 | 함 | 합 | 니 | 다 | . |

**02.** (1) 농구, 수영, 달리기 / 운동에는 농구, 수영, 달리기가 있습니다.

(2) 피아노, 바이올린, 기타 / 피아노, 바이올린, 기타는 악기에 포함됩니다.

(3) 미루나무, 버드나무, 은행나무 / 나무에는 미루나무, 버드나무, 은행나무 등이 있습니다.

바 르 게 문 장 쓰 기

본문 30~31쪽

**01.** (1) ① 화성 ⊂ 행성 / 태양계의 행성에는 수성, 금성, 지구, 화성, 목성, 토성, 천왕성, 해왕성 등이 있습니다.

② 고래 ⊂ 동물 / 사람, 개, 고양이, 고래 등은 모두 동물에 포함됩니다.

(2)

| 미 | 국 | 은 | | 20 | 30 | 년 | 까 | 지 | | 사 | 람 | 들 | 이 | |
|---|---|---|---|---|---|---|---|---|---|---|---|---|---|---|
| 화 | 성 | 을 | | 여 | 행 | 할 | | 수 | | 있 | 도 | 록 | | 준 | 비 |
| 를 | | 하 | 고 | | 있 | 다 | . | 큐 | 리 | 오 | 시 | 티 | 는 | | 이 | ∨ |
| 연 | 구 | | 과 | 제 | 의 | | 준 | 비 | | 단 | 계 | 로 | 서 | | 화 |
| 성 | 에 | 서 | | 사 | 람 | 들 | 이 | | 사 | 는 | | 데 | | 필 | 요 |
| 한 | | 정 | 보 | 를 | | 모 | 으 | 고 | | 있 | 다 | . | 미 | 국 | 은 | ∨ |
| 현 | 재 | | 화 | 성 | | 여 | 행 | 을 | | 위 | 해 | | 마 | 스 | |
| 20 | 20 | | 로 | 버 | 를 | | 준 | 비 | 하 | 고 | | 있 | 으 | 며 | , |
| 이 | | 탐 | 사 | 선 | 은 | | 화 | 성 | 에 | 서 | | 사 | 람 | 이 | |
| 살 | 아 | 가 | 는 | | 데 | | 필 | 요 | 한 | | 산 | 소 | 와 | | 자 |
| 원 | 을 | | 조 | 사 | 할 | | 예 | 정 | 이 | 다 | . | | | | |

(3) ㉠ 기본형: 착륙하다
    뜻: 비행기 따위가 공중에서 활주로나 판판한 곳에 내리다.

㉡ 기본형: 준비하다
    뜻: 미리 마련하여 갖추다.

본문 32~33쪽

**04 낱말은 어떻게 만들까 ①**

**01.** 방울토마토, '방울'은 흔들면 소리가 나는 작은 물건이므로 '방울토마토'는 일반 토마토보다 작은, 방울 모양의 토마토를 뜻한다는 것을 짐작할 수 있습니다.

(적용1) 사과, 나무 / 사과나무

(적용2) • 바닥, 전등, 거울
• 동화, 역사, 만화

**문 제 에 적 용 하 기**

본문 34~35쪽

**01.** (1)

| 준 | 비 | 물 | 을 | | 책 | 가 | 방 |
|---|---|---|---|---|---|---|---|
| 에 | | 넣 | 었 | 습 | 니 | 다 | . |
| | | | | | | | |

(2)

| 점 | 심 | 시 | 간 | 에 | | 김 | 밥 |
|---|---|---|---|---|---|---|---|
| 을 | | 먹 | 었 | 습 | 니 | 다 | . |
| | | | | | | | |

(3)

| 쓰 | 레 | 기 | 는 | | 쓰 | 레 | 기 |
|---|---|---|---|---|---|---|---|
| 통 | 에 | | 버 | 립 | 시 | 다 | . |
| | | | | | | | |

**02.** (1) 돌다리 – 우리는 손을 잡고 돌다리를 건넜습니다.

(2) 높푸르다 – 가을이 되자 하늘이 더욱 높푸르다.

**바 르 게 문 장 쓰 기**

본문 36~37쪽

**01.** (1) ① 소나무 → 대나무 / 나는 가족과 담양 여행을 갔을 때 대나무 숲에 간 적이 있습니다.

② 햇빛 → 달빛 / 강물이 달빛을 받아 반짝반짝 빛나고 있습니다.

(2)

| 초 | 가 | 지 | 붕 | | 위 | 에 | | 주 | 렁 | 주 | 렁 | | 앉 | 아 | ∨ |
|---|---|---|---|---|---|---|---|---|---|---|---|---|---|---|---|
| 자 | 라 | 던 | | 박 | 은 | | 물 | 을 | | 푸 | 는 | | 물 | 박 | , |
| 간 | 장 | 을 | | 퍼 | 내 | 는 | | 장 | 박 | , | | 밥 | 을 | | 담 |
| 는 | | 주 | 발 | | 박 | | 같 | 은 | | 바 | 가 | 지 | 나 | | 그 |
| 릇 | 을 | | 만 | 드 | 는 | | 데 | | 많 | 이 | | 쓰 | 였 | 어 | 요 . |
| 우 | 리 | | 악 | 기 | | 가 | 운 | 데 | | 생 | 황 | 은 | | 박 | 으 |
| 로 | | 만 | 든 | | 악 | 기 | 입 | 니 | 다 | . | | 생 | 황 | 은 | 박 |
| 으 | 로 | | 만 | 든 | | 공 | 명 | 통 | ( | 소 | 리 | 를 | | 울 | 리 |
| 게 | | 하 | 는 | | 통 | ) | 에 | | 서 | 로 | | 길 | 이 | 가 | |
| 다 | 른 | | 여 | 러 | | 개 | 의 | | 대 | 나 | 무 | | 관 | 이 | |
| 꽂 | 혀 | | 있 | 는 | | 악 | 기 | 예 | 요 | . | | | | | |

(3) ㉠ 기본형: 곧다
뜻: 마음이나 뜻이 흔들림 없이 바르다.

㉡ 기본형: 청아하다
뜻: 속된 티가 없이 맑고 아름답다.

**① 낱말을 알아보아요**

본문 38~39쪽

**05 낱말은 어떻게 만들까 ②**

**01.** (가)의 '풋고추'는 '풋-'과 '고추'를 합쳐서 만든 낱말입니다. '풋'은 '처음 나온', 또는 '덜 익은'의 뜻을 더하는 말로, '풋고추'는 '아직 익지 아니한 푸른 고추.'라는 뜻입니다. 따라서 (가)의 친구는 낱말의 짜임을 바르게 알고 있습니다. (나)의 '멋쟁이'는 '멋'과 '-쟁이'를 합쳐서 만든 낱말입니다. '쟁이'는 '그것이 나타내는 속성을 많이 가진 사람'의 뜻을 더하는 말로, '멋쟁이'는 '멋있거나 멋을 잘 부리는 사람.'이라는 뜻입니다. 따라서 (나)의 친구는 낱말의 짜임을 잘못 알고 있습니다.

(적용1) 맨, 발 / 맨발

(적용2) • 감자, 마늘, 생강
　　　• 날, 덮, 마
　　　• 자유, 풍요, 명예

**문 제 에 적 용 하 기**

본문 40~41쪽

**01.** (1)

| 꿈 | 을 |  | 이 | 루 | 려 | 고 |  |
|---|---|---|---|---|---|---|---|
| 열 | 심 | 히 |  | 공 | 부 | 합 | 니 | 다 | . |
|  |  |  |  |  |  |  |  |

(2)

| 낚 | 시 | 꾼 | 이 |  | 혼 | 자 |  |
|---|---|---|---|---|---|---|---|
| 낚 | 시 | 를 |  | 하 | 고 |  | 있 | 습 |
| 니 | 다 | . |  |  |  |  |

(3)

| 올 | 해 | 는 |  | 첫 | 눈 | 이 |  |
|---|---|---|---|---|---|---|---|
| 일 | 찍 |  | 내 | 렸 | 습 | 니 | 다 | . |
|  |  |  |  |  |  |  |

**02.** (1) 잠꾸러기 – 나는 잠을 많이 자서 별명이 잠꾸러기입니다.

(2) 새파랗다 – 바닷물이 차고 새파랗습니다.

**바 르 게 문 장 쓰 기**

본문 42~43쪽

**01.** (1) ① 거주지 → 유적지, 경주에는 신라의 유적지가 많습니다.

② 대사관 → 도서관, 우리 동네에도 공공 도서관이 생겼으면 좋겠습니다.

(2)

| 또 |  | 문 | 화 | 재 | 를 |  | 개 | 방 | 해 | 야 | 만 |  | 문 | 화 |
|---|---|---|---|---|---|---|---|---|---|---|---|---|---|---|
| 재 |  | 훼 | 손 | 을 |  | 막 | 을 |  | 수 |  | 있 | 습 | 니 | 다 | . | ∨ |
| 20 | ○ | ○ | 년 |  | 7 | 월 |  | ○ | ○ | 일 |  | 신 | 문 |  | 기 |
| 사 | 를 |  | 보 | 니 |  | 고 | 궁 |  | 가 | 운 | 데 |  | 한 |  | 곳 |
| 인 |  | ○ | ○ | 궁 | 에 |  | 곰 | 팡 | 이 | 가 |  | 번 | 식 | 했 | 다 |
| 는 |  | 내 | 용 | 이 |  | 있 | 었 | 습 | 니 | 다 | . |  | 장 | 마 | 인 | 데 | ∨ |
| 문 | 을 |  | 닫 | 고 | 만 |  | 있 | 어 | 서 |  | 바 | 람 | 이 |  | 통 |
| 하 | 지 |  | 않 | 아 |  | 곰 | 팡 | 이 | 가 |  | 궁 | 궐 |  | 안 | 으 |
| 로 |  | 퍼 | 진 |  | 것 | 입 | 니 | 다 | . |  |  |  |  |  |  |

(3) ㉠ 기본형: 관람하다
뜻: 연극, 영화, 운동 경기, 미술품 따위를 구경하다.

㉡ 뜻: 헐거나 깨뜨려 못 쓰게 만듦.

㉢ 기본형: 보존하다
뜻: 잘 보호하고 간수하여 남기다.

본문 44~45쪽

## 06 낱말의 여러 가지 뜻 ①

**01.** (가)에서 '머리'는 '사람의 신체 부위.', (나)에서 '머리'는 '머리에 난 털.'이라는 뜻으로 쓰였습니다.

**적용 1** 부러졌습니다, 오징어

**적용 2** • 많아서, 넣었습니다
• 만났습니다, 해결

### 문 제 에 적 용 하 기

본문 46~47쪽

**01.** (1)

| 눈 | 이 |  | 초 | 롱 | 초 | 롱 | 합 |
|---|---|---|---|---|---|---|---|
| 니 | 다 | . |  |  |  |  |  |

(2)

| 얼 | 굴 | 을 |  | 찡 | 그 | 렸 | 습 |
|---|---|---|---|---|---|---|---|
| 니 | 다 | . |  |  |  |  |  |

(3)

| 오 | 늘 |  | 책 | 을 |  | 다 |  |
|---|---|---|---|---|---|---|---|
| 읽 | 기 | 로 |  | 마 | 음 | 을 |  | 먹 |
| 었 | 습 | 니 | 다 | . |  |  |  |

**02.** (1) ㉠ – 하루 종일 땡볕에서 놀아서 얼굴이 새카맣게 탔습니다.

(2) ㉢ – 고장 난 시계를 고치러 시계방에 갔습니다.

### 바 르 게 문 장 쓰 기

본문 48~49쪽

**01.** (1) ① ③ / 환경 오염 문제를 해결하려면 일상생활에서 에너지 소비와 플라스틱 사용을 줄여야 합니다.

② ④ / 우리 사회는 어린이를 보호할 의무가 있습니다.

(2)

| 어 | 린 | 이 |  | 보 | 행 |  | 중 |  | 교 | 통 | 사 | 고 | 를 |  |
|---|---|---|---|---|---|---|---|---|---|---|---|---|---|---|
| 줄 | 이 | 는 |  | 방 | 법 | 은 |  | 무 | 엇 | 일 | 까 | ? |  | 운 | 전 |
| 자 | 에 | 게 |  | 어 | 린 | 이 |  | 보 | 행 |  | 안 | 전 |  | 교 | 육 |
| 을 |  | 철 | 저 | 히 |  | 해 | 야 |  | 한 | 다 | . | 전 | 체 |  | 교 |
| 통 | 사 | 고 |  | 가 | 운 | 데 | 에 | 서 |  | 보 | 행 |  | 중 | 에 |  |
| 발 | 생 | 한 |  | 사 | 고 | 의 |  | 나 | 이 | 대 | 별 |  | 분 | 포 | 를 |
| 살 | 펴 | 보 | 면 | , |  | 초 | 등 | 학 | 생 | 이 |  | 다 | 른 |  | 나 | 이 |
| 대 | 보 | 다 |  | 상 | 대 | 적 | 으 | 로 |  | 높 | 게 |  | 나 | 타 | 나 |
| 는 |  | 것 | 을 |  | 알 |  | 수 |  | 있 | 다 | . |  |  |  |  |

(3) ㉠ 기본형: 접하다
뜻: 소식이나 명령 따위를 듣거나 받다.

㉡ 뜻: 속속들이 꿰뚫어 미치어 밑바닥까지 빈틈이나 부족함이 없이.

**① 낱말을 알아보아요**

본문 50~51쪽

**07 낱말의 여러 가지 뜻 ②**

**01.** 그림에서 '다리'는 각각 '사람이나 동물의 몸통 아래 붙어 있는 신체의 부분.', '물을 건너거나 또는 한편의 높은 곳에서 다른 편의 높은 곳으로 건너다닐 수 있도록 만든 시설물.'이라는 뜻으로 사용되었습니다. 이 두 낱말은 모양은 같지만 뜻이 서로 다른 낱말입니다. 따라서 연두는 문제를 잘못 풀었고 보라는 문제를 잘 풀었습니다.

(적용1) 병

(적용2) 부릅니다, 과일, 타야

**문 제 에 적 용 하 기**

본문 52~53쪽

**01.** (1)

| 칼 | 이 |  | 잘 |  | 드 | 니 |  |
|---|---|---|---|---|---|---|---|
| 조 | 심 | 해 | 야 |  | 합 | 니 | 다 | . |

|  | 무 | 거 | 운 |  | 짐 | 을 |  | 들 |
|---|---|---|---|---|---|---|---|---|
| 어 |  | 드 | 렸 | 습 | 니 | 다 | . |  |

(2)

|  | 날 | 씨 | 가 |  | 차 | 서 |  | 목 |
|---|---|---|---|---|---|---|---|---|
| 도 | 리 | 를 |  | 했 | 습 | 니 | 다 | . |

|  | 발 | 로 |  | 공 | 을 |  | 힘 | 껏 | ∨ |
|---|---|---|---|---|---|---|---|---|---|
| 찼 | 습 | 니 | 다 | . |  |  |  |  |  |

**02.** (1) ㉢ - 사소한 행동이라도 옳고 그름을 가려서 행동해야 합니다.

(2) ㉡ - 우리는 의견 차를 좁히기 위해 오랫동안 토의를 했습니다.

**바 르 게 문 장 쓰 기**

본문 54~55쪽

**01.** (1) ① ④ / 경주의 안압지는 신라 시대에 만들어진 인공 호수입니다.

② ③ / 민주주의는 주권이 국민에게 있는 사상 또는 정치 제도입니다.

(2)

| 첫 | 째 | , | 인 | 공 |  | 지 | 능 | 에 |  | 제 | 대 | 로 |  | 된 | ∨ |
|---|---|---|---|---|---|---|---|---|---|---|---|---|---|---|---|
| 규 | 칙 | 을 |  | 부 | 여 | 해 |  | 잘 |  | 통 | 제 | 하 | 고 |  | 활 |
| 용 | 하 | 면 |  | 인 | 류 | 의 |  | 삶 | 은 |  | 더 | 욱 |  | 편 | 리 |
| 하 | 고 |  | 풍 | 요 | 로 | 워 | 질 |  | 것 | 입 | 니 | 다 | . |  | 예 | 를 | ∨ |
| 들 | 어 |  | 움 | 직 | 임 | 이 |  | 불 | 편 | 한 |  | 노 | 인 | 과 |  |
| 장 | 애 | 인 | 들 | 은 |  | 무 | 인 |  | 자 | 동 | 차 | 로 |  | 자 | 유 |
| 롭 | 게 |  | 이 | 동 | 할 |  | 수 |  | 있 | 습 | 니 | 다 | . |  | 인 | 류 |
| 가 |  | 인 | 공 |  | 지 | 능 | 을 |  | 제 | 대 | 로 |  | 관 | 리 | 한 |
| 다 | 면 |  | 인 | 공 |  | 지 | 능 | 은 |  | 인 | 류 | 에 | 게 |  | 많 |
| 은 |  | 도 | 움 | 이 |  | 될 |  | 것 | 입 | 니 | 다 | . |  |  |  |

(3) ㉠ 기본형: 끼치다

뜻: 영향, 해, 은혜 따위를 당하거나 입게 하다.

㉡ 기본형: 부여하다

뜻: 사람에게 권리 · 명예 · 임무 따위를 지니도록 해 주거나, 사물이나 일에 가치 · 의의 따위를 붙여 주다.

㉢ 기본형: 통제하다

뜻: 일정한 방침이나 목적에 따라 행위를 제한하거나 제약하다.

본문 58~59쪽

## 01 문장의 짜임을 알아요 ①

**01.** 문장을 두 부분으로 나누려면 '누가 / 무엇이'에 해당하는 주어 부분과 '무엇이다 / 어찌하다 / 어떠하다'에 해당하는 서술어 부분으로 나눌 수 있습니다. 제시된 문장을 두 부분으로 나누려면, 주어 부분인 '늙은 농부의 세 아들은'과, 서술어 부분인 '게을렀습니다.'로 나눌 수 있습니다.

(적용1) 공부합니다, 친절합니다

(적용2) • 기차는, 자동차는
• 웁니다, 작습니다

### 문 제 에 적 용 하 기
본문 60~61쪽

**01.** (1)

| 사 | 과 | 는 | | 과 | 일 | 입 | 니 |
| --- | --- | --- | --- | --- | --- | --- | --- |
| 다 | . | | | | | | |

(2)

| 날 | 씨 | 가 | | 춥 | 습 | 니 | 다 | . |
| --- | --- | --- | --- | --- | --- | --- | --- | --- |
| | | | | | | | | |

(3)

| 선 | 생 | 님 | 께 | 서 | | 말 | 씀 |
| --- | --- | --- | --- | --- | --- | --- | --- |
| 하 | 십 | 니 | 다 | . | | | |

**02.** (1) • 휴대 전화를 보면서 길을 걷는 아이는 내 친구입니다.
• 휴대 전화를 보면서 길을 걷는 것은 위험합니다.

(2) • 나는 댐 건설에 반대합니다.
• 댐을 건설하는 것은 동물들의 살 곳을 빼앗는 일입니다.

(3) • 포도송이가 주렁주렁 열렸습니다.
• 아버지께서 묻어 두신 보물은 주렁주렁 열린 포도송이였습니다.

### 바 르 게 문 장 쓰 기
본문 62~63쪽

**01.** (1) ① 주어 부분 / 목화 장수들은 궁리 끝에 광에 고양이를 기르기로 하고 똑같이 돈을 내어 고양이를 샀다.

② 서술어 부분 / 그 다리를 맡은 목화 장수는 고양이 다리에 산초기름을 발라 주었다.

(2)

| 목 | 화 | | 장 | 수 | | 네 | | 명 | 은 | | 뜻 | 하 | 지 |
| --- | --- | --- | --- | --- | --- | --- | --- | --- | --- | --- | --- | --- | --- |
| 않 | 게 | | 큰 | | 손 | 해 | 를 | | 보 | 게 | | 되 | 었 | 다 | . |
| 그 | 러 | 자 | | 고 | 양 | 이 | 의 | | 성 | 한 | | 다 | 리 | 를 |
| 맡 | 았 | 던 | | 목 | 화 | | 장 | 수 | | 세 | | 명 | 이 | | 투 |
| 덜 | 투 | 덜 | | 불 | 평 | 을 | | 늘 | 어 | 놓 | 았 | 다 | . |

(3) ㉠ 기본형: 싸다
뜻: 물건값이나 사람 또는 물건을 쓰는 데 드는 비용이 보통보다 낮다.

㉡ 기본형: 다치다
뜻: 부딪치거나 맞거나 하여 신체에 상처가 생기다. 또는 상처를 입다.

㉢ 기본형: 바르다
뜻: 물이나 풀, 약, 화장품 따위를 물체의 표면에 문질러 묻히다.

**2 문장을 알맞게 써요**

본문 64~65쪽

## 02 문장의 짜임을 알아요 ②

**01.** (가)에서 '엄마께 선물을.'이라는 문장에서는 누가 엄마께 선물을 어떻게 했다는 내용이 빠졌습니다.

**02.** (나)에서 '선수가 잡았어.'라는 문장에서는 선수가 무엇을 잡았는지에 대한 내용이 빠졌습니다.

(적용1) 토끼가, 물을, 마십니다

(적용2) • 총알이 • 웁니다 • 고기를

### 문제에 적용하기

본문 66~67쪽

**01.** (1)

| 참 | 새 | 가 | | 모 | 이 | 를 |
|---|---|---|---|---|---|---|
| 먹 | 습 | 니 | 다 | . | | |

(2)

| | 아 | 이 | 가 | | 세 | 수 | 를 |
|---|---|---|---|---|---|---|---|
| 합 | 니 | 다 | . | | | | |

(3)

| | 옆 | 집 | | 어 | 른 | 께 | 서 |
|---|---|---|---|---|---|---|---|
| 짐 | 을 | | 나 | 르 | 십 | 니 | 다 | . |

**02.** (1) • 민지가 • 수영을 • 합니다
• 민지가 수영을 합니다.

(2) • 지호와 친구들이 • 눈사람을 • 만듭니다
• 지호와 친구들이 눈사람을 만듭니다.

### 바르게 문장 쓰기

본문 68~69쪽

**01.** (1) ① 목적어 / 일찍 일어나는 새가 벌레를 잡는다는 말이 있어.

② 주어 / 아빠께서는 물통을 들고 뚜벅뚜벅 걸어가셨다.

③ 서술어 / 아빠와 함께 아침 운동을 하니 기분이 참 상쾌했다.

(2)

| 나 | 는 | | 아 | 빠 | 를 | | 따 | 라 | | 맨 | 손 | | 체 | 조 |
|---|---|---|---|---|---|---|---|---|---|---|---|---|---|---|
| 를 | | 했 | 다 | . | | 체 | 조 | 를 | | 하 | 고 | | 나 | 니 | | 정 |
| 말 | | 추 | 위 | 가 | | 달 | 아 | 나 | 는 | | 것 | | 같 | 았 | 다 | . |
| 철 | 봉 | 에 | 서 | | 턱 | 걸 | 이 | 를 | | 다 | 섯 | | 번 | 이 | 나 | V |
| 해 | 서 | | 아 | 빠 | 께 | | 칭 | 찬 | 을 | | 들 | 었 | 다 | . | | 아 |
| 침 | | 일 | 찍 | | 일 | 어 | 나 | 기 | 는 | | 힘 | 들 | 었 | 지 | 만 | V |
| 아 | 빠 | 께 | | 칭 | 찬 | 을 | | 들 | 으 | 니 | | 기 | 분 | 이 |
| 좋 | 았 | 다 | . | | 운 | 동 | 으 | 로 | | 땀 | 을 | | 흘 | 린 | | 뒤 |
| 에 | | 마 | 시 | 는 | | 물 | 은 | | 배 | 속 | 까 | 지 | | 시 |
| 원 | 하 | 게 | | 했 | 다 | . |

(3) ㉠ 뜻: 이치나 조건에 맞지 아니하게 강제로.

㉡ 기본형: 툴툴거리다
뜻: 마음에 차지 아니하여서 잇따라 몹시 투덜거리다.

㉢ 기본형: 달아나다
뜻: 어떤 의욕이나 느낌 따위가 사라지다.

본문 70~71쪽

## 03 문장 성분의 호응 관계 ①

**01.** '그만 웃음이 피식 웃어 버렸다.'라는 문장에서 '웃음이'와 '웃어 버렸다'가 어울리지 않습니다. 웃어 버린 것은 '나'이기 때문에 '웃어 버렸다'라는 서술어와 호응하는 주어를 넣어 '그만 나는 피식 웃어 버렸다.'와 같이 고쳐 써야 합니다.

(적용 1) 씻습니다.( × ) / 닦습니다.( ○ )

(적용 2) • 손톱이, 나뭇가지가, 머리카락이
· 유쾌합니다, 나쁩니다, 불쾌합니다

## 문제에 적용하기

본문 72~73쪽

**01.** (1)

| 방 | 학 | | 동 | 안 | | 몸 | 무 |
|---|---|---|---|---|---|---|---|
| 게 | 가 | | 늘 | 었 | 습 | 니 | 다 | . |

(2)

| | 가 | 족 | 과 | | 가 | 는 | | 여 |
|---|---|---|---|---|---|---|---|---|
| 행 | 은 | | 즐 | 겁 | 습 | 니 | 다 | . |

(3)

| | 숲 | 에 | 서 | | 다 | 람 | 쥐 | 가 | ∨ |
|---|---|---|---|---|---|---|---|---|---|
| 혼 | 자 | | 뛰 | 어 | 놉 | 니 | 다 | . |

**02.** (1) 밤새도록 비가 오고 바람이 불었습니다.

(2) 저의 장래 희망은 학교에서 아이들을 가르치는 것입니다.

(3) 우리가 환경을 보호해야 하는 까닭은 환경 파괴의 피해가 결국 우리에게 돌아오기 때문입니다.

## 바 르 게 문 장 쓰 기

본문 74~75쪽

**01.** (1) ① 서술어 / 나는 앞으로 용준이와 놀아 주지 않겠다고 다짐했다.

② 주어 / 아빠가 쉽게 생각했어.

(2)

| " | 윤 | 서 | 야 | , | | 너 | | 좋 | 아 | 하 | 는 | | 연 | 속 | 극 | ∨ |
|---|---|---|---|---|---|---|---|---|---|---|---|---|---|---|---|---|
| 해 | . | " |
| " | 일 | 기 | | 쓸 | 래 | 요 | . | " |
| | 그 | 때 | | 안 | 방 | 에 | 서 | | 아 | 버 | 지 | 께 | 서 | | 부 |
| 르 | 셨 | 다 | . |
| | " | 윤 | 서 | 야 | , | | 이 | 리 | | 와 | | 봐 | . " |
| | 나 | 는 | | 입 | 을 | | 쭉 | | 내 | 밀 | 고 | | 절 | 대 |
| 앉 | 기 | | 싫 | 다 | 는 | | 표 | 정 | 으 | 로 | | 아 | 버 | 지 |
| 옆 | 에 | | 앉 | 았 | 다 | . |

(3) ㉠ 기본형: 두드리다
뜻: 소리가 나도록 잇따라 치거나 때리다.

㉡ 기본형: 야단맞다
뜻: 꾸지람을 듣다.

㉢ 기본형: 서럽다
뜻: 원통하고 슬프다.

**2 문장을 알맞게 써요**

본문 76~77쪽

## 04 문장 성분의 호응 관계 ②

**01.** 지호가 한 말인 '나는 책 읽기를 별로 좋아하는 편이야.'라는 문장은 문장 성분의 호응이 바르지 않습니다. '별로'는 '-지 않다, -지 못하다'와 같은 부정적인 서술어 또는 '안', '못'이 꾸며 주는 서술어와 호응합니다. 따라서 '나는 책 읽기를 별로 좋아하는 편이야.'라는 문장은 '나는 책 읽기를 별로 좋아하지 않는 편이야.'로 고쳐 써야 합니다.

적용1 잡수십니다

적용2 • 모레
      • 않은

**문 제 에 적 용 하 기** 본문 78~79쪽

**01.** (1)

| 날 | 씨 | 가 |  | 별 | 로 |  | 덥 |
|---|---|---|---|---|---|---|---|
| 지 |  | 않 | 다 | . |  |  |  |

(2)

| 나 | 는 |  | 결 | 코 |  | 거 | 짓 |
|---|---|---|---|---|---|---|---|
| 말 | 하 | 지 |  | 않 | 았 | 다 | . |

(3)

| 물 | 건 | 을 |  | 옮 | 기 | 기 | 가 | ∨ |
|---|---|---|---|---|---|---|---|---|
| 여 | 간 |  | 힘 | 들 | 지 |  | 않 | 다 | . |

**02.** (1) 이번 시험 문제는 전혀 쉽지 않았습니다.

(2) 선생님께서 다른 사람을 먼저 배려하는 것이 중요하다고 말씀하셨습니다.

(3) 이 그림을 친구가 그렸다니 도저히 믿을 수가 없었습니다.

**바 르 게 문 장 쓰 기** 본문 80~81쪽

**01.** (1) ① 서술어 / 어제저녁에 방에서 컴퓨터를 하는데 졸음이 밀려왔다.

② 서술어 / 나는 결코 용준이를 아프게 한 적이 없는데도 말이다.

(2)

| " | 야 | , | 네 | 가 |  | 왜 |  | 울 | 어 | ? | " |  |
|---|---|---|---|---|---|---|---|---|---|---|---|---|
| 그 | 때 | 였 | 다 | . |  | 아 | 버 | 지 | 께 | 서 |  | 눈 | 을 |  | 크 |
| 게 |  | 뜨 | 며 |  |  |  |  |  |  |  |  |  |
| " | 진 | 윤 | 서 | , | 너 |  | 왜 |  | 동 | 생 |  | 울 | 려 | ? | " |
| 하 | 고 |  | 큰 | 소 | 리 | 를 |  | 내 | 셨 | 다 | . |  | 나 | 한 | 테 | 만 | ∨ |
| 뭐 | 라 | 고 |  | 하 | 시 | 는 |  | 아 | 버 | 지 | 를 |  | 이 | 해 | 할 | ∨ |
| 수 |  | 없 | 었 | 다 | . |  | 나 | 는 |  | 화 | 가 |  | 나 | 서 |  | 울 |
| 며 |  | 내 |  | 방 | 으 | 로 |  | 들 | 어 | 가 |  | 침 | 대 | 에 |  |
| 누 | 웠 | 다 | . |  |  |  |  |  |  |  |  |  |

(3) ㉠ 기본형: 덤비다
뜻: 마구 대들거나 달려들다.

㉡ 기본형: 글썽이다
뜻: 눈에 눈물이 넘칠 듯이 그득하게 고이다. 또는 그렇게 하다.

㉢ 기본형: 혼나다
뜻: 호되게 꾸지람을 듣거나 벌을 받다.

본문 84~85쪽

## 01 높임 표현을 사용해요

**01.** 높임 표현은 대상을 높여서 말하는 것으로, 듣거나 행동하는 사람이 말하는 사람보다 웃어른이거나 여러 명일 때 사용합니다. "수호야, 선생님이 너 오래."라는 문장에서는 행동하는 사람인 선생님을 높여서 높임 표현을 사용해야 하는데, "선생님이 너 오래."라고 했으므로 알맞지 않습니다. 따라서 남자아이가 한 말은 "수호야, 선생님께서 너 오라고 하셔."로 고쳐야 합니다.

(적용1) 어머니께

(적용2)
- 주무시나요, 나가시나요, 식사하시나요
- 고모, 이모, 삼촌

### 문제에 적용하기

본문 86~87쪽

**01.** (1)

| | 할 | 머 | 니 | , | | 진 | 지 | | 잡 |
|---|---|---|---|---|---|---|---|---|---|
| 수 | 세 | 요 | . | | | | | | |

(2)

| | 어 | 머 | 니 | 께 | 서 | | | 집 | 에 | ∨ |
|---|---|---|---|---|---|---|---|---|---|---|
| 오 | 고 | | 계 | 십 | 니 | 다 | . | | | |

(3)

| | 선 | 생 | 님 | 께 | 서 | | | 우 | 리 |
|---|---|---|---|---|---|---|---|---|---|
| 를 | | 부 | 르 | 셨 | 습 | 니 | 다 | . | |

**02.** (1) 할머니, 생신을 축하드려요.

(2) 할아버지께서는 편찮으십니다.

(3) 아버지, 여쭈어 볼 것이 있습니다.

### 바르게 문장 쓰기

본문 88~89쪽

**01.** (1) ① 제품이시고요 / 이 구두는 특별 할인 제품이고요.

② 나오셨습니다 / 주문하신 아메리카노 나왔습니다.

③ 매진되셨어요 / 이 핸드폰은 매진되었어요.

(2)

| | 이 | 분 | 들 | 은 | | 왜 | | 이 | 러 | 시 | 는 | | 걸 | 까 | 요 | ? |
|---|---|---|---|---|---|---|---|---|---|---|---|---|---|---|---|---|
| 백 | 화 | 점 | 이 | 나 | | 편 | 의 | 점 | | 같 | 은 | | 매 | 장 | 에 | |
| 서 | | 물 | 건 | 을 | | 고 | 객 | 처 | 럼 | | 존 | 대 | 하 | 는 | | |
| 이 | | 불 | 편 | 한 | | 현 | 실 | . | | 여 | 러 | 분 | 은 | | 어 | 떠 |
| 십 | 니 | 까 | ? | | 물 | 건 | 을 | | 높 | 인 | 다 | 고 | | 사 | 람 | |
| 이 | | 높 | 아 | 지 | 지 | 는 | | 않 | 습 | 니 | 다 | . | 물 | 건 | 을 | ∨ |
| 높 | 이 | 는 | | 것 | 은 | | 버 | 려 | 야 | | 할 | | 언 | 어 | | |
| 습 | 관 | 입 | 니 | 다 | . | | | | | | | | | | |

(3) ㉠ 뜻: 고객의 편의를 위하여 24시간 문을 여는 잡화점. 주로 일용 잡화, 식료품 따위를 취급한다.

㉡ 기본형: 매진되다
뜻: 하나도 남지 아니하고 모두 다 팔려 동이 나다.

㉢ 기본형: 존대하다
뜻: 존경하여 받들어 대접하거나 대하다.

③ 알맞게 표현해요

본문 90~91쪽

## 02 관용 표현을 활용해 볼까 ①

**01.** 그림은 두리와 슬기가 힘을 합쳐서 무거운 물건을 함께 옮긴 상황입니다. "사공이 많으면 배가 산으로 간다."라는 속담은 주관하는 사람 없이 여러 사람이 자기주장만 내세우면 일이 제대로 되기 어렵다는 뜻으로, 그림의 상황에 어울리는 속담이 아닙니다. 따라서 두리가 말한 속담은 "백지장도 맞들면 낫다."나 "손이 많으면 일도 쉽다."라는 속담으로 고쳐야 합니다.

(적용 1) 티끌

(적용 2) • 외양간  • 말

## 문 제 에 적 용 하 기

본문 92~93쪽

**01.** (1)

| 하 | 룻 | 강 | 아 | 지 |   | 범 |
| --- | --- | --- | --- | --- | --- | --- |
| 무 | 서 | 운 |   | 줄 |   | 모 | 른 | 다 |

(2)

| 우 | 물 | 을 |   | 파 | 도 |   | 한 | ∨ |
| --- | --- | --- | --- | --- | --- | --- | --- | --- |
| 우 | 물 | 을 |   | 파 | 라 |

(3)

| 발 |   | 없 | 는 |   | 말 | 이 |
| --- | --- | --- | --- | --- | --- | --- |
| 천 |   | 리 |   | 간 | 다 |

**02.** (1) • 배보다 배꼽이 더 크다
  • 선풍기값보다 수리비가 더 비싸다니 배보다 배꼽이 더 크다.

(2) • 쥐구멍에도 볕 들 날 있다
  • 쥐구멍에도 볕 들 날 있다는 말이 있듯이 지금 상황이 어렵고 힘들더라도 포기하지 말고 희망을 가지고 노력해야 한다.

## 바 르 게 문 장 쓰 기

본문 94~95쪽

**01.** (1) ① 손 → 실 / 민주가 있는 곳에 늘 소희도 함께 있는 것을 보니 역시 바늘 가는 데 실 간다는 생각이 들었다.

  ② 둘 → 열 / 하나를 보면 열을 안다고 평소 하나가 하는 말과 행동을 보면 좋은 성격을 가지고 있다는 것을 알 수 있다.

(2)

| 영 | 주 | 네 |   | 가 | 족 | 은 |   | 이 | 삿 | 짐 |   | 싸 | 는 |
| --- | --- | --- | --- | --- | --- | --- | --- | --- | --- | --- | --- | --- | --- |
| 차 | 례 | 를 |   | 서 | 로 |   | 다 | 르 | 게 |   | 생 | 각 | 했 | 어 | 요 | . |
|   | 할 | 머 | 니 | 와 |   | 이 | 모 | 께 | 서 | 는 |   | 깨 | 지 | 기 |
| 쉬 | 운 |   | 항 | 아 | 리 | 나 |   | 유 | 리 | 그 | 릇 | 부 | 터 |   | 싸 |
| 라 | 고 |   | 하 | 셨 | 고 | , |   | 삼 | 촌 | 께 | 서 | 는 |   | 텔 | 레 | 비 |
| 전 | 이 | 나 |   | 컴 | 퓨 | 터 | 부 | 터 |   | 옮 | 기 | 라 | 고 |   | 하 |
| 셨 | 어 | 요 | . |   | " | 사 | 공 | 이 |   | 많 | 으 | 면 |   | 배 | 가 |
| 산 | 으 | 로 |   | 간 | 다 | . | " | 라 | 는 |   | 속 | 담 | 처 | 럼 |   | 서 |
| 로 |   | 의 | 견 | 을 |   | 굽 | 히 | 지 |   | 않 | 아 |   | 시 | 간 | 만 | ∨ |
| 흘 | 러 | 갔 | 어 | 요 | . |

(3) ㉠ 기본형: 함께하다
  뜻: 어떤 뜻이나 행동 또는 때 따위를 서로 동일하게 취하다.

  ㉡ 기본형: 옳다
  뜻: 사리에 맞고 바르다.

  ㉢ 기본형: 싸다
  뜻: 어떤 물건을 다른 곳으로 옮기기 좋게 상자나 가방 따위에 넣거나 종이나 천, 끈 따위를 이용해서 꾸리다.

본문 96~97쪽

**03 관용 표현을 활용해 볼까 ②**

**01.** (나)에서는 깜짝 놀랐다고 말하면서 '귀가 얇다'라는 관용 표현을 사용했습니다. '귀가 얇다'라는 관용 표현은 '남의 말을 쉽게 받아들인다.'라는 뜻이므로 말하는 상황에 어울리지 않습니다. 따라서 (나)의 '귀가 얇다'를 '간 떨어질 뻔했다'로 고쳐야 합니다.

적용1   손꼽아

적용2  • 넓다  • 머리

**문 제 에  적 용 하 기**

본문 98~99쪽

**01.** (1)

| 나 | 는 |  | 깔 | 끔 | 해 | 서 |  |
|---|---|---|---|---|---|---|---|
| 하 | 루 | 에 | 도 |  | 열 | 두 |  | 번 |
| 씩 |  | 손 | 을 |  | 씻 | 습 | 니 | 다 | . |

(2)

| | 산 |  | 정 | 상 | 에 |  | 오 | 르 |
|---|---|---|---|---|---|---|---|---|
| 니 |  | 천 | 하 | 를 |  | 얻 | 은 |
| 듯 |  | 기 | 뻤 | 습 | 니 | 다 | . |

(3)

| | 그 | 는 |  | 학 | 교 |  | 일 | 에 | ∨ |
|---|---|---|---|---|---|---|---|---|---|
| 발 |  | 벗 | 고 |  | 나 | 서 | 겠 | 다 |
| 고 |  | 말 | 했 | 습 | 니 | 다 | . |

**02.** (1) • 눈에 띄다
　　• 매일 열심히 연습을 하더니 노래 실력이 눈에 띄게 늘었구나.

(2) • 애간장이 타다
　　• 아버지와 하루 종일 연락이 되지 않아 가족들은 애간장이 탔습니다.

**바 르 게  문 장  쓰 기**

본문 100~101쪽

**01.** (1) ① 지워지기 → 가기 / 수학여행에 다녀온 후 두리와 세미의 우정에 금이 갔습니다.

② 닫을 → 열 / 불이 모두 꺼지고 공연의 막이 열렸습니다.

(2)

| 여 | 러 | 분 | , |  | " | 쇠 | 뿔 | 도 |  | 단 | 김 | 에 |  | 빼 | 라 | . | " |
|---|---|---|---|---|---|---|---|---|---|---|---|---|---|---|---|---|---|
| 라 | 는 |  | 말 | 이 |  | 있 | 습 | 니 | 다 | . | 지 | 금 | 부 | 터 |
| 제 |  | 조 | 언 | 을 |  | 벗 | 삼 | 아 |  | 꿈 | 을 |  | 찾 | 아 | ∨ |
| 떠 | 나 | 는 |  | 노 | 력 | 을 |  | 시 | 작 | 하 | 시 | 기 |  | 바 | 랍 |
| 니 | 다 | . | 자 | 신 | 만 | 의 |  | 멋 | 진 |  | 꿈 | 을 |  | 향 | 해 | ∨ |
| 달 | 려 | 가 | 는 |  | 후 | 배 | 들 | 을 |  | 저 | 도 |  | 응 | 원 | 하 |
| 겠 | 습 | 니 | 다 | . |

(3) ㉠ 기본형: 실천하다
　　뜻: 생각한 바를 실제로 행하다.

㉡ 기본형: 삼다
　　뜻: 무엇을 무엇이 되게 하거나 여기다.

㉢ 기본형: 응원하다
　　뜻: 곁에서 성원하다. 또는 호응하여 도와주다.

메 모 장